KOPF
SCHLÄGT POTENZIAL

DAVE BRYCH

3. Auflage

ISBN: 978-3-96527-023-7

Copyright © 2018 David "Dave" Brych

FROG MOTION MEDIA

Hergestellt in Deutschland.

Alle Fotos von Ronny Wunderlich, Berlin.

www.5ideen.com/ronny

WIDMUNG

Ich widme dieses Buch meinem Schatz, weil neben dem richtigen Mindset das richtige Umfeld entscheidet.

INHALT

ÜBER DEN AUTOR

Mein Name ist David Brych. Ich bin 1984 in Berlin geboren, bin heute 33 Jahre alt. Seit 15 Jahren ungefähr nennen mich die meisten Leute „Dave".

Ich stelle mich hier kurz vor, falls Du noch nie von mir gehört hast und Dich wunderst, was ich für einer bin. Obwohl ich schon sehr viele verschiedene Jobs in meinem Leben hatte, gelernter Bankkaufmann bin, Reiseleiter war, in einer Eisfabrik gejobbt habe, im Wettbüro und noch einiges mehr, kennen mich die meisten Leute von meinem YouTube-Kanal und meinem gleichnamigen Podcast: „5 IDEEN".

Auf diesen Kanälen und in diesen Formaten fassen wir die besten und genialsten 5 IDEEN aus Sachbüchern zusammen und stellen sie in animierten Comic-Videos, sogenannten Erklärfilmen, dar. Im Podcast werden diese Themen dann noch ausführlicher besprochen. Angefangen haben wir vor drei Jahren. Und wir hätten niemals gedacht, dass sich so viele Leute dafür interessieren. Heute haben wir beachtliche Abonnenten und Zugriffe im Monat, aber es hat sich nicht nur viel nach außen getan, was offensichtlich ist, sondern auch viel nach innen. Durch die Beschäftigung mit den Büchern, mit den Inhalten, mit den Autoren, hat sich bei mir sehr viel entwickelt. Und das ist der Grund für dieses Buch.

„KOPF SCHLÄGT POTENZIAL"

Ich nehme Dich mit, während ich meine Reise resümiere. Vielleicht ist es lehrreich für Dich, vielleicht inspirierend, vielleicht ist es auch einfach nur amüsant. Ich freue mich auf jeden Fall, dass Du Dich entschieden hast, dieses Buch zu lesen.

DAVE BRYCH

INTRODUKTION
VON DIRK KREUTER

Es ist jetzt über ein Jahr her. Ich bin unterwegs, irgendwo in der Karibik, in einem Leihwagen. Und bei längeren Strecken mache ich das, was ich immer mache: Podcast hören. Was habe ich entdeckt? Den 5 IDEEN Podcast. Das alleine ist schon eine geniale Idee, zu sagen ich werte Bücher aus oder Seminare und hole die fünf besten Ideen da raus. Was für ein Mensch musst Du nachher sein? Was für ein Mindset musst Du haben, wenn Du jede Woche so ein Buch auswertest oder so ein Seminar? Da wächst Du als Persönlichkeit. Wahnsinn! Ja, und dann höre ich einen Podcast und der Podcastautor spricht von mir, erzählt wie seine Frau mein Buch liest. Entscheidung Erfolg. Ach ja. Ich bin Dirk Kreuter, Verkaufstrainer. Ja, und ich freue mich, dass ich die Introduktion schreiben darf. Das war mein erstes Zusammentreffen mit Dave, dieser Podcast. Und, zwei, drei Tage nachdem ich dann an meinem Ziel war, habe ich gedacht: Ja, er hat ja seine Kontaktdaten angegeben. Dann bedankst Du Dich mal bei ihm, denn das war eine coole Podcastfolge. Mittlerweile gibt es 5 IDEEN zu meinem Buch Entscheidung Erfolg. Es gibt 5 IDEEN zu der

Vertriebsoffensive, meinem Seminarformat und dem größten Business Seminarformat, was es in Europa gibt. 35.000 Teilnehmer haben wir dieses Jahr, 2018, in den Veranstaltungen. Und ich habe mich natürlich super gefreut, als Dave mich gefragt hat: Du, magst Du mir ein Vorwort geben zu meinem Buch respektive Hörbuch? Ich habe das dann gehört, ich habe manche Stellen auch zweimal gehört, weil sie einfach so cool sind. Und das sind zwei Stunden maximal komprimiert zum Thema Kopf schlägt Potenzial. Sehr, sehr cool. Das Mindset ist so entscheidend. Du kannst alle möglichen Voraussetzungen haben. Mit dem falschen Mindset wirst Du dein Potenzial nie ausschöpfen, nie erreichen. Übrigens die coolste Geschichte kommt ziemlich am Ende. Und da geht es darum, warum Dave als Kindergartenkind Schuhe haben wollte mit Klettverschlüssen und nicht mehr die Schuhe selber zubinden wollte. Das ist so eine geile Geschichte. Das ist so der Wahnsinn, wie wir Menschen ticken. Also, ich wünsche dir extrem viel Spaß mit diesem Buch respektive Hörbuch und wünsche dir nachher fette Beute.

Dirk Kreuter
Speaker of the year, Europas bester Verkaufstrainer

Dirk Kreuter & Dave Brych,
November 2017 in der Kölner Südstadt

VORWORT

Vor zehn Jahren, da lebte ich in einer WG. Mein Mitbewohner war Koch. Wir haben uns am Anfang sehr gut verstanden, deshalb ist er auch eingezogen. Aber es hat sich dann relativ schnell herausgestellt, dass er immer, wenn er gesagt hat „Jetzt mal ganz ehrlich" danach gelogen hat. Und das führte zu zahlreichen Problemen. Von kleinen Lügen bis zu großen Lügen und es flog natürlich alles auf. Deshalb ist dieser Satz bei mir so ein bisschen negativ belegt. Wenn jemand sagt „Jetzt mal ganz ehrlich", dann gehen bei mir die Alarmglocken an. Aber wenn ich zurückblicke auf mein Leben und was ich da so getan habe und wie ich mich selber verändert habe, dann bin ich mal ganz ehrlich und kann auch sagen: „Ja, das war mal anders.".

Zum Beispiel habe ich vor einigen Jahren gedacht, ich könnte immer so bleiben wie ich bin. Ich bräuchte an mir persönlich überhaupt nichts ändern. Ich bräuchte zum Beispiel einfach nur mehr Geld und ich könnte trotzdem so weitermachen wie ich will.

Heute glaube ich nicht, dass das der Fall ist. Heute glaube ich, dass man seine Persönlichkeit dem Erfolg anpassen muss - und nicht andersherum. Ich denke, dass man sein Mindset auf das einstellen muss, was man erreichen will. Erfolg im Leben, privat oder professionell. Genauso auch mit dem Geld. Geld haben, Vermögen aufbauen, mit Geld umgehen. Das ist Mindset. Regelmäßig Sport treiben, bewusst ernähren. Das ist Mindset. Zeitmanagement, Ordnung in sein Leben bringen, Struktur. Das ist Mindset.

Und all das habe ich früher nicht gehabt. Ich habe in den Tag hinein gelebt. Ich habe viel Party gemacht, habe das Leben so genommen, wie es gerade kam. Dolce Vita könnte man sagen. Zu der Zeit ging es mir gut. Ich habe nichts vermisst. Ich habe immer das gegessen, worauf ich gerade Lust hatte.

Aber ich kann sagen: Heute geht es mir besser. Heute geht es mir besser, und ich glaube, dass alle Menschen, von denen man in Hinblick auf das Thema Erfolg etwas lernen will und etwas lernen kann etwas gemeinsam haben, und zwar: ein erfolgreiches Mindset. Ich bin immer noch auf der Reise. Ich lerne von meinen Mentoren, von Autoren, von Leuten, die schon länger auf der Reise sind. Vielleicht sind wir alle nie am Ziel. Aber es heißt ja so schön: Der Weg ist das Ziel. Und das ist in diesem Fall definitiv so. Und um erfolgreich zu werden, um zu wachsen, muss man sein Leben ändern, seine Persönlichkeit entwickeln und sein Mindset einstellen.

Erst im letzten Jahr habe ich aufgehört zu rauchen. Da hat es bei mir auf einmal Klick gemacht. Es war sozusagen der Tag, an dem sich alles änderte. Ich habe vormittags noch geraucht und dann habe ich mich zum Interview getroffen mit Dr. Stefan Frädrich von GEDANKENtanken. Wir haben gar nicht über mein Laster gesprochen. Wir haben allgemein über den inneren Schweinehund gesprochen. Stefan erzählte mir, dass er früher ebenfalls sehr viel geraucht hat. Dass er zwischen den Zigaretten kaum eine Pause hatte, um eine Zigarette aus der Schachtel zu nehmen, bevor die nächste schon wieder brannte.

Was er so erzählte, was wir an diesem Vormittag so im Gespräch austauschten, löste bei mir etwas aus. Und obwohl ich vorher schon tausende Male gehört hatte „Rauchen ist ungesund", „Rauchen stinkt", „Rauchen ist teuer" und so weiter – das sind ja alles keine Geheimnisse, das weiß man ja – hat erst dieses Gespräch dazu geführt, dass ich wirklich aufgehört habe zu rauchen.

Ich bin weggefahren von Stefan und zur Tankstelle, weil ich das Auto tanken musste. Ich wollte dann auch noch Zigaretten kaufen. Zu diesem Zeitpunkt hatte ich überhaupt nicht geplant, Nichtraucher zu werden. Man kann es sich kaum vorstellen, aber so war es. Und als ich an der Kasse stehe, denke ich mir: Ne, ich kaufe keine Zigaretten. Und das war es. Danach habe ich nie mehr geraucht. Danach habe ich keine Zigaretten mehr gekauft.

Das war echt mega verrückt.

Ich denke heute gar nicht mehr daran. Mein Tagesablauf hat sich ganz automatisch geändert und gleichzeitig mein Geruchssinn und so weiter. Auch ein Bedürfnis nach körperlicher Gesundheit hat sich auf einmal entwickelt. Ich möchte gar nicht mehr rauchen. Rauchen ist für mich auf einmal weggebrannt aus meinem Kopf und das ist ein Beispiel dafür, wie wir im Kopf ticken und der Grund dafür, warum ich dieses Buch hier schreibe und ihm diesen Titel gegeben habe. Denn ich finde, der Kopf ist mega mächtig. In beide Richtungen übrigens. Es geht nicht nur nach oben. Es gibt genug Berichte von Menschen, die psychosomatische Probleme haben und nur aufgrund der Psyche nicht mehr laufen können und viele ähnliche Fälle. Wieso ist das möglich und wieso gehen einige davon aus, dass es nicht andersherum möglich ist? Dass man sich auf Erfolg einstellen kann.

Bei mir hat es auch länger gedauert. Ich musste erst mehrere Bücher lesen, über Jahre und einige Ideen mehrmals hören. Du wirst nach einem Buch wahrscheinlich nicht sofort dein Mindset ändern. Das ist auch der Grund, weshalb viele erfolgreiche Menschen sehr viele Bücher lesen, ja geradezu hungrig sind nach Büchern. Auch alles auf diesem Weg, der sie niemals zu einem Ziel führt. Es sei denn, der Weg selber ist das Ziel.

Daher: Egal wie oft Du schon gehört hast, dass Rauchen ungesund ist, irgendwann kommt der Tag, an dem es Klick macht. Das hoffe ich für Dich. So wie bei mir. Ich freue mich darüber sehr, obwohl ich professioneller Raucher war, wie ich es selbst immer ausgedrückt habe. Ich war nie ein wehleidiger Raucher und habe rumgeheult: „Ich will eigentlich gar nicht rauchen", nein, ich hab dazu gestanden. Und jetzt stehe ich zu meiner Entscheidung, dass ich nicht mehr rauche. Das ist geil.

Ich wünsche dir viel Erfolg mit diesem Buch und hoffe, dass es Dich inspiriert. Ich freue mich, wenn Du meinen Podcast hörst oder auf YouTube meinen Inhalten folgst.

Und jetzt erkläre ich noch einmal ganz kurz den Titel „Kopf schlägt Potenzial", angelehnt natürlich an den Titel von Günter Faltins Buch „Kopf schlägt Kapital". Und ich denke, dass viele das Potenzial erst einmal erkennen müssen und vielleicht falsch einschätzen. Ich glaube, das volle Potenzial kann man erst erkennen, wenn man das richtige Mindset hat. Deshalb schlägt der Kopf das Potenzial und es ist noch mehr möglich. Probier es aus. Nun aber viel Erfolg und Spaß mit diesem Buch. Mach was draus.

Dein Dave

1

VOR DREI JAHREN WAR ICH
EIN ANDERER MENSCH ALS HEUTE

Ich schreibe dieses Buch, weil ich eine Entwicklung durchgemacht habe. In den letzten drei Jahren hat sich bei mir sehr sehr viel getan. Vielleicht hat es auch schon früher angefangen, aber irgendeinen Zeitraum muss ich ja jetzt erstmal wählen. Ich schreibe dieses Buch, um Dich mitzunehmen auf meine Reise und sie Revue passieren zu lassen, damit Du etwas daraus lernen kannst und damit Du besser verstehst, was meine Learnings waren.

Ich denke, dass das Thema Mindset viel wichtiger ist, als man zuallererst denkt. Ich selber habe nicht gedacht, dass das Thema so groß ist und mich selbst so beschäftigt. Mittlerweile glaube ich, dass das Mindset, also die Einstellung, die man hat im Leben, ein Grundpfeiler ist, das Fundament, die Baseline zum Lied des Lebens. Wenn diese Einstellung stimmt, dann wachsen daraus sehr viele Sachen, zum Beispiel Erfolg und zwar Erfolg in verschiedenen Ebenen. Das heißt Partnerschaft, Freunde, Business, Geld, Erfüllung und auch Gesundheit. Das Thema geht eigentlich in alle Lebensbereiche, deshalb ist es so unheimlich wichtig und vielseitig.

Ich weiß nicht, was für Erfahrungen Du gemacht hast. Ich habe oft gehört, 20 Prozent sind die Suche nach der eigenen Persönlichkeit bzw. das Finden derselben. Und die anderen 80 Prozent, das ist das Machen. Creating. Die Persönlichkeitsentwicklung. Das heißt, nachdem ich erkannt habe, wer ich bin, muss ich damit umgehen und dann muss ich damit arbeiten. Gewohnheiten etablieren. Verbesserung. Lernen. Stetig wachsen. Das ist der Prozess, um den es im Endeffekt geht.

Und noch vor drei Jahren hätte ich wahrscheinlich nicht gedacht, dass das der Weg für mich ist oder dass es funktioniert. Aber ich habe viele Punkte in meinem Leben erreicht und erst im Nachhinein gemerkt, wie der Weg verlief. Und damit es dir nicht so geht und Du Dich nicht auf den Zufall verlässt oder auf das Glück, möchte ich dir das hier an die Hand geben und werde in diesem Buch sehr ausführlich auf meinen Weg eingehen.

Als ich mich das erste Mal mit dem Thema Persönlichkeitsentwicklung beschäftigt habe, wurde es von einem guten Freund an mich herangetragen. Er war damals Fitness-Trainer und hat angefangen, sich mit Persönlichkeitsentwicklung zu beschäftigen. Das ist mindestens 15 Jahre her. Er kam zu mir und sagte: „Ich lese da gerade dieses Buch. Ich darf nicht darüber sprechen. Aber das, was da drin steht, das musst Du unbedingt lesen. Obwohl Du auch schon viele dieser Sachen machst und befolgst."

Und ich sagte: „Boah, das war aber interessant angeteasert." Da wollte ich unbedingt wissen, was sich dahinter verbirgt. In dem Buch stand tatsächlich, dass man nicht darüber sprechen soll, dass man dieses Buch liest. Es war von Raymond Hull, das weiß ich noch ganz genau. Ich habe dieses Buch dann auch gelesen und es war einer meiner ersten Schritte in diese Richtung.

Ich werde in späteren Kapiteln noch darauf eingehen, wie ich es mit dem Lesen halte und was das im Endeffekt für mich bedeutet und wann ich richtig angefangen habe zu lesen. So viel vorab: Ich glaube, bei jedem erfolgreichen Menschen, den ich kennengelernt habe – und ich habe einige kennengelernt – hat man irgendwann diesen Punkt des Broken-Window-Prinzips.

Das Broken-Window-Prinzip, falls Du es nicht kennst, besagt: Sobald ein Haus in der Straße leer steht und eine zerbrochene Scheibe hat, führt diese erste zerbrochene Scheibe dazu, dass dort der Vandalismus beginnt. Das bedeutet, nachdem die erste Scheibe eingeworfen ist, werden noch mehr Scheiben eingeworfen. Dann gibt es Graffiti. Dann werden Sachen geklaut, Türen eingeschlagen und im Haus wilde Sau gespielt. Das ist sozusagen das Negativbeispiel. Sobald die erste Scheibe in der U-Bahn zerkratzt ist, ist die U-Bahn freigegeben für Vandalismus.

Ich sehe das aber auch in einem positiven Kontext, denn ich denke, ein Buch, ein Hörbuch, oder auch ein Seminar oder ein Mentor kann so ein Broken Window sein. Das heißt der Zeitpunkt, das Buch, Hörbuch oder Seminar ist auf einmal ein Wendepunkt im Leben und danach wird alles anders. Über meinen Wendepunkt spreche ich in diesem Buch in einer späteren Lektion.

Aber nochmal zurück zur jüngeren Vergangenheit, z.B. die letzten drei Jahre. Was ist in den letzten drei Jahren passiert? Es ist sehr viel passiert. Ich wurde zweimal Vater. Mein großer Sohn ist jetzt drei Jahre alt und ein paar Monate, während ich das schreibe, und mein zweiter Sohn ist jetzt gerade ein halbes Jahr alt.

Aber nicht nur das. Ich bin auch unternehmerisch stark gewachsen, habe mehr Mitarbeiter, und vor etwa zweieinhalb Jahren starteten wir den „5 IDEEN"-Kanal auf YouTube. In diesem Kanal geht es um die Themen Business und Mindset. Es geht um Erfolg, es geht um Geld und Investitionen. Es ist sehr sehr spannend. Auf diesem Kanal präsentieren wir die fünf besten Ideen aus Büchern in kurzen, komplett animierten Zeichentrickfilmen. Das machen wir schon seit über zwei Jahren, mindestens alle vierzehn Tage.

Dieser Kanal ist mitverantwortlich dafür, dass sich mein Leben verändert hat, weil seine Inhalte in verschiedene Bereiche hineinstrahlen. Und einer der wichtigsten Aspekte ist das Lesen. Das Lesen und die Beschäftigung mit guten Inhalten, mit Futter für den Kopf sozusagen. Das ist essentiell. Das ist so ähnlich wie Training für den Arm, Training für den Bizeps oder Trizeps. Denn zwangsläufig wirst Du Dich verändern, wenn Du regelmäßig deinen Bizeps trainierst, auch wenn es nur kleine Übungen jeden Tag sind. Genauso wie es Dich verändern wird, wenn Du statt der morgendlichen Tasse Kaffee grünen Tee trinkst oder statt der Tüte Chips am Abend und dem Bier viel Wasser und Salat zu dir nimmst. Das sind Sachen, die sind viel offensichtlicher, aber mit Wissen ist es meiner Meinung nach genauso. Der „5 IDEEN"-Kanal, auf dem alle zwei Wochen ein Video erscheint, zwang uns dazu, uns mit Inhalten zu beschäftigen. Das hört sich jetzt erst mal unangenehm an. Aber im Endeffekt ist es eine Challenge, also eine Herausforderung, sozusagen ein Wettbewerb mit sich selbst. Und das war eine Gelegenheit, das Lesen als Gewohnheit zu etablieren und viele Tools daraus anzuwenden.

Manchmal ist es so, dass wir nicht rational Entscheidungen treffen. Viele Entscheidungen treffen wir eher emotional. Und um uns von Prinzipien zu überzeugen, selbst Gewohnheiten zu etablieren, das Leben zu verändern, müssen wir uns selber ein bisschen austricksen. Es muss Spaß machen, und eine Challenge kann da was bringen.

Jetzt sind wir schon ziemlich tief drin im Thema. Ich will nur so viel dazu sagen: Dadurch, dass alle zwei Wochen eine „5 IDEEN"-Folge erscheinen sollte, musste natürlich viel gelesen werden. Das war unsere Verpflichtung dem Publikum gegenüber.

Es wird nicht nur einfach gelesen, sondern die Bücher werden durchgearbeitet, die besten Ideen werden notiert oder auch diskutiert. Es wird abgewogen. Es wird sich also intensiv damit beschäftigt, nicht nur von einem alleine, sondern man beschäftigt sich auch im Team damit. Der Austausch ist unheimlich wertvoll. Letztendlich wird ein Film daraus, den viele Tausende, sogar Millionen Menschen sehen, die begeistert sein werden. Und das ist der Wahnsinn. Das ist die Motivation überhaupt. Das ist wirklich total grandios.

Dadurch prägen sich die Inhalte natürlich ein. Und letztendlich liest man dann sogar mehr als man müsste. Man etabliert, vielleicht durch einen selbstauferlegten Zwang, eine Lesegewohnheit. Und wenn man dann sieht, wie viel man auf einmal liest und wie sich das Bücherregal füllt, merkt man plötzlich gar nicht mehr, dass man so viel gelesen hat. Außenstehende denken: „Um Gottes Willen, so viel Zeit hätte ich niemals." Du merkst aber: Du hast die Zeit, Du hattest die Zeit, Du nimmst dir die Zeit. Denn Zeitmanagement ist Mindset. Und da geht es hauptsächlich um Prioritäten, denn wir haben Zeit. Jeder hat genug Zeit. Und so führt dann eine solche Challenge dazu, dass Du wirklich dein Leben veränderst. Das ist ganz klar. Du verknüpfst ganz neue Synapsen in deinem Kopf, durch diese Beschäftigung mit den Inhalten.

Du bist natürlich auf einem guten Weg. Du bist auf dem richtigen Weg, sonst würdest Du dieses Buch nicht lesen. Ich denke, es ist egal in welcher Lebenssituation und in welchem Alter und in welcher familiären Situation Du bist. Dieses Buch ist für jeden Menschen, der Bock hat auf mehr, der sich selbst entwickeln möchte. Ich glaube, dass Du ganz viel an meinem Beispiel lernen kannst. Und ich reflektiere jetzt hier in ausführlicher Art und Weise meinen persönlichen Prozess der letzten drei Jahre. Mach was draus.

KOPF SCHLÄGT POTENZIAL

2

„SCHULE IST FÜR MICH ..."

Diese Überschrift sehe ich wie diese kleinen Comics, die Du vielleicht auch kennst, die früher in den Zeitungen waren. Ich habe lange keine Zeitung mehr in der Hand gehabt, in der ich das gesehen hab. Diese alten Comics, in denen steht: „Liebe ist..." Und dann gibt es eine ganz kurze Geschichte dazu. So stelle ich mir das vor. Du siehst diese Überschrift und hast Deine eigene Assoziation, zum Thema Liebe oder auch zum Thema Schule. Ich weiß nicht, wie Deine Laufbahn war, ob sie gut oder schlecht war, auf was für einer Schule Du warst, das spielt auch erstmal keine Rolle, denn ich glaube, in dem was ich hier schildere kann sich jeder irgendwo wiederfinden.

Als Kind bin ich sehr gerne zur Schule gegangen in den jüngeren Jahren. Bei mir hat das so ein bisschen aufgehört mit der Pubertät, das ist wahrscheinlich auch normal. Ich habe sehr oft die Schulen gewechselt, wir sind sehr viel umgezogen und im Endeffekt war ich alle zwei Jahre auf einer anderen Schule. Im Gymnasium war ich vier Jahre an der gleichen Schule und für die Oberstufe nochmal auf einer anderen.

Es gab also wirklich sehr viele Schulwechsel, sehr viele neue Mitschüler, sehr viele neue Lehrer, andere Orte, ein anderes soziales Umfeld. Dazu muss man wissen, dass ich aus einer Familie komme, in der z.B. das Thema Lesen kein großes Thema war. Also keine

„Lesefamilie", keine Familie mit sehr vielen Büchern. Dafür mit sehr vielen Fernsehern. Bei uns im Haus gab es in Spitzenzeiten glaube ich sieben Fernseher, also quasi in jedem Raum, selbst in der Küche, in den Schlafzimmern, in den Kinderzimmern, im Wohnzimmer, in der Garage, überall. Fernseher überall. Videorekorder überall. Satellitenanschluss oder Kabelfernsehen. Das hat natürlich auch mein Leben sehr geprägt. Ich habe viele Filme geguckt und sehr viel ferngesehen. Meinen ersten Computer hatte ich schon in der ersten Klasse, ein Commodore 64. Ich war medial immer gut ausgestattet und mit Bildschirmmedien schon lange konfrontiert.

Ich war in der Schule nicht besonders schlecht. Mir fiel es ziemlich leicht, mich in der Schule zu orientieren. Ich konnte das Wesentliche gut behalten. Was mir aber zum Beispiel gar keinen Spaß gemacht hat, war lesen. Ich hatte ein großes Problem, denn ich habe früher gestottert und später konnte ich auch nicht öffentlich lesen bzw. ich habe mich nicht getraut, öffentlich zu lesen.

An ein Erlebnis in der dritten oder vierten Klasse kann ich mich noch genau erinnern. Das Lesebuch ging herum und einer nach dem anderen musste vorlesen. Da hatte ich ganz nasse Hände vor Aufregung und mein Herz klopfte. Ich war sehr nervös, habe mich unter meinem Tisch oder hinter meinem Buch versteckt,

habe nach unten geguckt auf die Tischplatte und habe nur ge-
hofft: „Bitte nimm mich nicht dran, ich möchte nicht vorlesen."
Ich hatte große Bedenken.

Wenn man das heute sieht, wie ich öffentlich spreche, bei
Vorträgen oder Speakings an Hochschulen oder als Podcaster bei
verschiedenen Sendungen, die wir produzieren, da kann man sich
das manchmal gar nicht vorstellen. Aber genau das sind diese
Prozesse, von denen ich spreche.

Ich bin ein Beispiel dafür. Ich bin nicht perfekt geboren oder
so, sondern ich versuche zu optimieren. Ich bin auch heute nicht
perfekt und es geht auch nicht darum, perfekt zu werden, sondern
mit dem, was man hat, auszukommen, glücklich zu sein und
natürlich trotzdem konstant zu lernen und zu wachsen.

Es gab Vorlesewettbewerbe in der fünften und sechsten Klasse in der Aula unserer Schule, wo dann alle Klassen versammelt
waren und zuguckten, wie ein Schüler oder eine Auswahl von
Schülern Texte öffentlich vorlasen und dann prämiert wurden.
Ich bewunderte diese Kinder, die einfach so frei lesen konnten und habe gedacht „Wie können die nur so gut lesen?" Sie
konnten bekannte Texte, aber auch fremde Texte wirklich sehr
eindrucksvoll vorlesen. Das fand ich einfach genial. Ich hätte zu
diesem Zeitpunkt niemals gedacht, dass ich das auch kann. Ich

hätte niemals gedacht, dass ich öffentlich reden kann oder dass mir jemand zuhören würde. Und ich habe später sogar mehrere Jahre lang im Radio gearbeitet.

Während meiner Schulzeit war es so, dass wir Bücher bekamen, die wir lesen sollten oder auch nur Auszüge aus Büchern, die kopiert wurden und dann wurden die ganzen Kopien auf den Tisch gelegt. Dann mussten wir alles bis zur darauffolgenden Woche bis zu einem bestimmten Punkt gelesen haben und wurden dann abgefragt oder es gab einen Test.

Wir haben damals einfach irgendein Buch bekommen. Es wurde uns kein Zusammenhang erklärt. Es wurde nicht in einen geschichtlichen Kontext eingeordnet, sondern wir sollten das Buch einfach lesen. Und auch wenn ich heute wirklich sehr gerne und sehr viel lese, zum damaligen Zeitpunkt habe ich das Buch einfach ignoriert. In den seltensten Fällen habe ich eines dieser Bücher wirklich gelesen. Vielleicht habe ich es überflogen. Meistens habe ich dann eher Mitschüler gefragt, um die Hausaufgaben machen zu können.

Mir hat die didaktische Aufarbeitung gefehlt, also eine Orientierung, wobei mir dieses Buch helfen kann, diese Geschichte. Es muss kein Sachbuch sein, es gibt auch utopische Phantasieromane, die trotzdem einen sehr großen Mehrwert haben. Denn vieles im

Leben ist auch Philosophie, Hinterfragen, darüber nachdenken. Und das führt dann auch wiederum zur Persönlichkeitsbildung, denn man muss ja seine eigene Persönlichkeit reflektieren, man muss darüber nachdenken, muss philosophieren über sein eigenes Verhalten, damit man etwas ändern kann, damit man Strukturen erkennen und ausbauen kann.

Das alles hat mir in der Schule gefehlt und ich glaube auch, dass die Schule einen schlecht darauf vorbereitet. Deswegen ist man darauf angewiesen, sich selbst etwas zu suchen, wenn man wachsen will. Man braucht einen Mentor, man braucht Seminare, Bücher oder Onlinecoachings oder man muss bei YouTube Videos finden. Man muss es durcharbeiten, aber man muss vor allem eigenverantwortlich daran arbeiten.

Ich diskutiere auch gerne mit Lehrern über dieses Problem, über Bildung, über das Bildungssystem. Und meistens blasen die Lehrer ins gleiche Horn wie ich. Das heißt, diese Probleme und diese Fehler sind bekannt. Oft sind sie hilflos und wissen nicht, wie sie damit umgehen sollen, wie sie es besser machen könnten. Sie sagen, sie hätten zu wenig Zeit, es wäre viel zu viel Inhalt für viel zu wenig Stunden. Der Lehrplan ist so dicht. Das bringt so viele Probleme mit sich, dass man nachher kein Thema mehr genau behandeln kann, sondern es nur noch darum geht, Themen schnell abzuhaken und dann auch einfach zu bewerten.

Letztendlich ist diese Bewertungsform, bei der man etwas durchsieht und die Fehler zählt und sich natürlich total auf die Fehler fokussiert, nicht unbedingt zielführend und nicht unbedingt motivierend. Es führt nicht dazu, dass man wächst, sondern es funktioniert so, dass man den kleinsten gemeinsamen Nenner findet, um möglichst keine Fehler zu machen. Aber die Frage ist, ob das eine gute Herangehensweise ist.

In meiner Familie habe ich auch einen Förderschullehrer und da habe ich die Erfahrung gemacht, dass in den Förderschulen noch sehr viel mehr möglich ist. Da wird versucht, andere Konzepte zu etablieren. Dort ist etwas mehr Zeit, da ist auch mehr Personal. Man nimmt sich die Zeit, man kann da wirklich noch sehr viel gestalterischer Bildung machen. Wahrscheinlich wirst Du mir zustimmen, wenn ich sage, dass das Ansehen von Förderschullehrern im Vergleich zu z.B. Gymnasiallehrern nicht so gut ist, weil die Schulform nicht angesehen ist, weil Problemfälle auf die Förderschule kommen. Früher hieß sie auch Sonderschule, für besondere Fälle. Aber daraus resultiert eine gewisse Freiheit für die Lehrer und zwar Freiheit für andere Lernkonzepte, Freiheit für andere Ergebnisse und andere Ziele.

Vielleicht ist es ein Glück, dass an dieser Schulform der Lehrplan nicht diesen Stellenwert hat, den er sonst hat und den Schülern mehr Werkzeuge mit auf den Weg gegeben werden. Das heißt, theoretisch wichtige Inhalte werden praktisch erklärt, damit sie einen Bezug haben und im Gesamtkontext gesehen werden. Oftmals ist genau diese Verbindung absolut wichtig und ich glaube, dass das vielen noch nicht klar geworden ist. Man muss die Tools kennen und dann muss man sie auch anwenden. Und man muss auch verstehen, dass man es für sich selber macht, die Eigenverantwortung ist unheimlich wichtig. Man macht es nicht für den Lehrer. Man macht es vielleicht in diesem Moment für den Lehrer, aber im Verlauf Deines Lebens machst Du es für Dich.

Um zu verdeutlichen, dass Eigenverantwortung so wichtig ist, sage ich oft in Gesprächen mit Leuten: „Mir ist das egal. Du musst das umsetzen. Ich kann dir nur sagen, was ich mache oder was ich machen würde. Aber letztendlich musst Du dein Leben leben." Manche finden das erschreckend. Sie gucken mich ganz verwirrt an und fragen sich, was das für eine Frechheit ist. Aber wer, wenn nicht Du, lebt dein Leben? Und wer muss mit den Entscheidungen, die Du triffst, klarkommen? Natürlich Du! Auf der anderen Seite bist Du aber auch für Deine Erfolge verantwortlich. Mach nicht den Fehler, dass Du nur denkst, ich möchte den Erfolg, aber ich möchte nicht den Weg zum Erfolg.

Ein schöner Spruch stammt von meinem guten Freund Michael Serve, der mir letztens sagte: Alle wollen in den Himmel, aber keiner will sterben. Ich weiß nicht, von wem dieses Zitat ist, aber ich finde, es symbolisiert ganz klar ein großes Problem, das viele im Mindset haben. Viele hätten gerne Geld, aber wollen dafür nicht arbeiten. Viele wollen gerne eine Topfigur haben, aber wollen keinen Sport machen. Jeder wäre gerne bei der Siegesfeier dabei, aber keiner will am Rennen teilnehmen. Aber ich kann doch nichts dafür. Ich hatte eine schlimme Kindheit, meine Eltern sind arm, meine Eltern sind so bildungsfern, die Politik ist schuld, ich bin in einer Scheißgegend groß geworden, ich bin in der falschen Generation geboren, ich bin im falschen Körper geboren, ich bin in der falschen Gesellschaft geboren, ich bin zu groß, ich bin zu klein, ich bin zu dick, ich bin zu dünn, ich bin zu dumm, dafür bin ich mir zu fein.

Ich hoffe, wenn Du Dich irgendwo wiedergefunden hast, dass Du was daraus machen willst. Ich beende oft meine Sendung mit diesem Satz: Mach was draus. So habe ich auch das erste Kapitel beendet. Ich habe es irgendwann für mich entschieden, dass das ein sehr guter Abschluss ist und ich weiß, dass viele andere mittlerweile auch diesen Spruch bringen. Ich kann nicht beweisen, dass ich der erste war und das spielt auch gar keine Rolle. Das wichtigste ist dieser Call to Action: Mach was draus!

Nicht nur konsumieren, nicht nur alles anhören, sondern abschalten und machen. Geh in die Umsetzung, schreibe dir Deine Ziele auf und hake sie ab. Schreibe dir Deine Erfolge auf. Plane Zeit zum Lesen und zur Weiterbildung ein. Orientiere Dich an Leuten, die erfolgreicher sind als Du. Frage sie um Rat. Deine Schulzeit ist vorbei, aber das Lernen hört niemals auf. Egal wie alt Du bist, egal was Du beruflich machst, Du wirst immer konstant weiter lernen. Erzähl mir nicht, Du bist zu alt zum Lernen. Ich kenne auf jeden Fall Leute, die weitaus älter sind, die immer noch weiterhin lernen, die jeden Tag und jede Woche lesen, die gierig sind und die wissen, dass sie niemals ausgelernt haben werden, egal wie lange sie leben. Aber dieser Prozess, diese Beschäftigung mit Wissen, mit Gedanken und Philosophie, die hält Dich fit. Die hält Dich jung, die hält Dich am Leben und die wird Dich und deinen ganzen Körper gesünder machen. Deshalb musst Du es unbedingt beherzigen.

Vielleicht fragst Du Dich auch: „Mensch, Dave, wo soll ich anfangen? Ich will gerne was machen, aber mir fehlt die Orientierung. Ich kenne diese Werkzeuge nicht." Ich werde dir an meinem Beispiel versuchen zu zeigen, wie Du vorgehen kannst, wie ich vorgegangen bin, wie ich wirklich meinen Fokus etabliert und aufrechterhalten habe. Ich freue mich darauf, meine Geschichte mit dir zu teilen.

3

MEIN LEBEN OHNE FERNSEHER

Ich hatte ja schon erwähnt, dass ich aus einer Familie komme mit sehr vielen Fernsehern und deshalb ist es umso verwunderlicher, dass ich heute sage, schmeiß deinen Fernseher weg. Don't waste your time. Wie kommt es dazu? Fernsehen ist für mich eine ziemliche Zeitverschwendung. Das meiste im Programm ist einfach nichts wert. Man sollte sich damit nicht beschäftigen, es zieht einen runter, macht negative Gedanken und es gibt nur schlechte Nachrichten.

Außerdem bringt das Fernsehen auch andere Sachen mit sich. Das lineare Fernsehen diktiert dir deinen Tag. Das heißt: Es gibt dir vor, was Du zu welcher Uhrzeit zu gucken hast. Erst kommt das Morgenmagazin, dann kommen die Nachrichten, das Nachmittagsprogramm und dann kommt die Primetime-Sendung. Du wirst berieselt, unterbrochen von Werbepausen.

Aus diesem Grund ist heutzutage auch die Aufmerksamkeit bei vielen Menschen geringer. Man hört nicht mehr auf das, was man selber machen will, was man erfahren will, was man lernen will oder was man selber gut findet, sondern man orientiert sich an dem, was andere vorgeben, was man zu konsumieren hat. Das ist das Naturell des Fernsehens. Und ich finde das nicht besonders förderlich.

Schau in dein Leben und sei ehrlich zu dir selbst. Wie viel Fernsehen schaust Du am Tag? Der Durchschnitt der Deutschen guckt zweieinhalb Stunden Fernsehen am Tag. Ich glaube, dass meine Familie diesen Durchschnitt mit angehoben hat. Ich hatte das mit den vielen Fernsehern ja schon erwähnt. Es kommt den Leuten immer komisch vor, wenn ich dann davon rede, dass ich selber gar keinen Fernseher habe, dass ich diese Sendung nicht kenne, dass ich diesen Werbespot nicht kenne. Ich gucke auch online die Sendungen nicht an, sondern ich beschäftige mich mit anderen Inhalten – und lese in dieser Zeit. Wenn Du aufhörst, dir das Fernsehprogramm zu geben, diese Nachrichten zu geben, dann wirst Du merken, wie viel Zeit Du auf einmal hast. Und wie frei auf einmal dein Kopf ist für ganz andere Gedanken.

Du wirst auch die Welt anders wahrnehmen. Manchmal ist es so, dass mir irgendjemand von einem Thema erzählt und ich sage ihm, dass das mit meiner Realität irgendwie nichts zu tun hat. Das ist in meinem Leben gar nicht existent. Wenn Du mir nichts davon erzählt hättest, hätte ich davon nichts erfahren. Ist dir so etwas schon mal passiert? Das ist wirklich eine grandiose Erkenntnis und dein Gegenüber guckt Dich an wie ein Bahnhof. Wie bitte?

Oft wird das ja auch als Smalltalk genutzt. Das ist vielleicht für Dich ein Problem, weil Du es gewohnt bist, über irgendwelche Themen, die gerade medial sehr bedeutungsvoll sind, zu sprechen. Wie beim Friseur. „Ach, haben Sie das gehört?" „Ja, Mensch!" „Boah, nee, okay!"

Aber die meisten Sachen kriegst Du ohnehin überall mit. Du kannst Dich, auch wenn Du es wirklich willst, dem nicht entziehen. Überall sprechen sie darüber. Du fährst einmal Auto und zack, bist Du quasi gezwungen, Radio zu hören. Du läufst durch den Supermarkt und da laufen Nachrichten oder auch beim Arzt im Wartezimmer. Wo auch immer. Du kennst das. Und die wirklich wichtigen großen Themen, die passieren, die werden sowieso immer an Dich herangetragen durch Verwandte, durch Kunden, durch Arbeitskollegen, durch Mitarbeiter usw.

Es ist noch nie vorgekommen, dass ich wichtige Ereignisse in der Welt überhaupt nicht mitbekommen habe. Natürlich fehlt dann manchmal das ein oder andere Detail, aber das alles kennen ist nicht wichtig. Das ist nicht signifikant und das ist vor allem nicht für mein Leben wichtig. Ich hoffe, dass Du diese Erkenntnis nachvollziehen kannst, wenn Du mehr machen willst, wenn Du erfolgreicher werden willst, und dein Mindset wirklich gestalten willst.

Wenn Du dein Mindset gestalten willst, dann bleibt zwangsläufig keine Alternative, als den Fernseher auszulassen. Ich meine damit nicht, dass Du keine Unterhaltung mehr konsumieren darfst. Wir konsumieren auch ab und an Unterhaltung. Wir gucken bewusst zum Beispiel Serien oder Spielfilme an und zwar zu der Uhrzeit, zu der wir das wollen und wir stoppen, wann wir wollen. Wir gucken, was wir wollen, wann wir wollen. Diese Freiheit hat man beim Fernsehen nicht. Und ich finde, das ist unheimlich wichtig.

Und meistens ist es für mich auch so – das habe ich für mich entschieden – , dass ich meine Zeit lieber mit Dingen verbringe, die mich weiterbringen. Und das ist für mich gar kein Zwang. Das ist gar nicht schlimm, es ist keine Qual, sondern es ist mein Spirit, meine Leidenschaft geworden, meine Passion. Und das passiert durch die Beschäftigung damit. Ich bin nicht darauf angewiesen, aber ich möchte es gerne und deshalb möchte ich mir nicht die Zeit rauben lassen von diesem Gerät.

Wahrscheinlich hast Du den Spruch schon mal gehört: Die Dosis macht das Gift. Ja, wenn Du es hin bekommst, dass Du Dich disziplinierst, dass Du dir vielleicht einen Wecker stellst. Dann kannst Du auch gerne fernsehen. Wenn Du meinst, dass die Nachrichten dir etwas bringen oder für Dich und deinen Beruf essenziell wichtig sind, dann schau sie dir an. Du kannst das gerne machen. Es kann natürlich auch sein, dass es nur eine Ausrede für Dich ist. Du musst selber reflektieren, was Du willst und was Du brauchst und wer Du bist. Aber für mich hat ein Leben ohne Fernsehen und Nachrichten funktioniert.

Für mich ist das auf jeden Fall ein entscheidender Weg. Heute haben wir einen Fernseher, der nicht ans Kabelfernsehen angeschlossen ist. Da ist nur ein Apple TV angeschlossen. Man kann Filme gucken, man kann Netflixfilme gucken und kann YouTube gucken. Wir machen das aber in Maßen und das bringt auch noch weitere Vorteile mit sich.

Zum Beispiel ist unser Sohn es nicht gewohnt, dass bei uns der Fernseher läuft. Das heißt statt das Fernsehen zu verbieten, leben wir einfach vor, dass das Fernsehen für uns keine Rolle spielt. Ich habe in Grundschulen vor Jahren Vorträge gehalten bei Elternabenden, um die jungen Eltern der Schulanfänger dafür zu sensibilisieren, dass sie ihre Kinder nicht so viel vor den Fernseher setzen. Einige Eltern waren richtig aggressiv. Ich habe etwas gegen ihren besten Freund gesagt, den Fernseher. McDonalds und der Fernseher, die guten Freunde. Das habe ich sofort gemerkt, dass die Eltern am aggressivsten wurden, die am meisten fernsehen. Andere Eltern gingen davon aus, dass Fernsehen nicht so schlimm ist. Bei ihnen liefe nur der Kinderkanal oder ausgewiesenes Kinderprogramm. Und im Endeffekt ist es scheißegal, was man da guckt. Es gibt kein Kinderprogramm, denn auch wenn es offiziell Kinderprogramme gibt, bleibt es trotzdem ein waste of time und macht die Birne matschig. Dazu kann ich auch ein paar Bücher empfehlen. Von Manfred Spitzer „Vorsicht Bildschirm" zum Beispiel, guckt euch das auf jeden Fall mal an.

Ein anderer Punkt, den ich angesprochen habe, ist die Werbung. Bei vielen gehen gleich die Alarmglocken an, wenn man das Fernsehen kritisiert. Richtig, die Werbung. Die Werbung ist blöd. Aber auch dieses Thema muss man vielschichtig betrachten. Einerseits stimmt es: Wenn wir uns Werbung reinziehen, in so einer aggressiven Form, in so einer starken Kontinuität, wie es beim Fernsehen geboten wird, dann führt das dazu, dass ich mich mit Sachen beschäftige, die ich nicht wirklich auf dem Zettel hatte. Dass ich auf einmal Sachen kaufe, die ich eigentlich gar nicht brauche. Von daher ist das auch unter finanziellen Aspekten Unsinn. Dazu werde ich später nochmal kommen, wenn ich übers Geld rede.

Viele denken, dass das Fernsehen schlecht wäre wegen der Werbung, aber auch ohne die Werbung ist das Fernsehen Zeitverschwendung und diktierter Konsum zu einem Zeitplan, den Du nicht selber definiert hast. Und ich sehe es einfach so: Wenn ich über etwas nicht die Kontrolle habe, dann macht mich das sauer, beziehungsweise dann möchte ich das nicht haben. Ich versuche, das zu umgehen. Ich möchte mir das nicht diktieren lassen.

Probiere es bitte einmal für Dich aus. Vielleicht gibst Du deinen Fernseher einfach mal weg, damit er für Dich nicht mehr so leicht zugänglich ist. Und Du versuchst, wenn Du viel ferngesehen hast, diese Gewohnheit zu ändern. Dabei ist es egal, wie alt Du bist, Du wirst es ändern können. Besorge dir gute Bücher oder hole dir gute Hörbücher. Wenn man es nicht gewohnt ist zu lesen, dann ist ein Hörbuch ein sehr guter Einstieg und natürlich das große Angebot an Podcasts. Es gibt über 20.000 Podcasts in Deutschland und davon sind auch ziemlich viele wirklich gut und hörenswert. Also, Du hast keine Ausrede. Es gibt genug Möglichkeiten. Es wäre schön, wenn Du sie auch in Erwägung ziehst. Und nutzt.

KOPF SCHLÄGT POTENZIAL

4

ZEITMANAGEMENT

Eines der größten Probleme unserer Zeit ist die Zeit. Man hat das Gefühl, keiner hat wirklich Zeit. Alle sind immer gestresst. Alle müssen immer irgendwo hin. Heute hab ich leider keine Zeit. Mal gucken, wann wir Zeit finden, wir machen das irgendwann. Ich habe zur Zeit gerade keine Zeit. Hast Du schon mal gehört? Bestimmt.

Ich beschäftige mich schon seit Jahren mit dem Thema Zeitmanagement. Ich weiß noch ganz genau, als ich damals gerade so aus der Schule war oder vielleicht war es auch in der Zivildienstzeit, da bin ich in die kleine Stadtbibliothek in Buxtehude, der Stadt, in der ich damals gewohnt habe, gegangen und habe versucht, mir Hilfe zu besorgen. Ich bin also in die Bibliothek rein, habe gestöbert und dann habe ich mir ein Buch ausgeliehen, und zwar „Zeitmanagement für Dummies". Das ist kein Quatsch. Ich habe mir tatsächlich dieses Buch ausgeliehen. Man kann also sagen, ich war so verzweifelt, weil ich nicht wusste, wo meine Zeit geblieben ist, dass ich mir dieses Buch ausgeliehen habe.

Ich kann mich heute nicht mehr genau daran erinnern, was in diesem Buch stand, aber ich habe viele neue Erkenntnisse gesammelt. Ja, Zeitmanagement ist ein sehr wichtiges Thema. Ich werde auch sehr oft darauf angesprochen, gerade von alten Bekannten, ehemaligen Mitschülern oder auch Verwandten. Auch viele Leute, die meine Instagram Story und meine Online-Aktivitäten verfolgen, wundern sich, auf wie vielen Hochzeiten ich manchmal tanze. Aber vergleicht man das mal mit dem Zeitplan von vielen erfolgreichen Menschen, dann kann ich nur sagen: Da geht noch einiges.

Nach dem Mindset, also der richtigen Einstellung zum Leben und für Erfolg und neben den Glaubenssätzen, die man in seinem Leben etabliert hat, ist das Zeitmanagement essenziell und sehr wichtig. Denn ohne gescheites Zeitmanagement kann ich meine gestellten Aufgaben überhaupt nicht erledigen. Ohne gescheites Zeitmanagement mache ich höchstens eine To-do-Liste, die niemals abgearbeitet wird. Ohne ein Zeitmanagement und die bewusste Planung der Aufgaben setze ich mich hin und dann überlege ich impulsiv, was ich als Nächstes mache. Und dann verfalle ich eher in eine reaktive Situation, das heißt, ich reagiere auf etwas. Ich gucke mir eine E-Mail an und reagiere darauf und ich bin nicht proaktiv an meinem Tagesplan dran. Ich bin nicht aktiv in meinen Tagesplan involviert. Ich hatte ja vorhin schon gesagt, dass ich gerne aktiv eine Rolle spiele in meinem Leben und mir nichts diktieren lassen will. Und so handhabe ich das auch beim Zeitmanagement.

Was ist das Geheimnis? Ich habe mal einen Spruch gehört, den ich sehr cool fand. Es ist ein englischer Spruch und er lautet:

„Busy is a decision". Das heißt, wenn Du beschäftigt bist, ist das Deine Entscheidung. Und das muss man sich mal vor Augen führen, denn genau so ist es. Wir haben alle die gleiche Zeit. Wir haben alle 24 Stunden am Tag. Was hältst Du davon? Ist es so? Oder hab ich mehr als Du? Du kannst dir diese 24 Stunden zum großen Teil selbst einteilen.

Wenn man mal davon ausgeht, dass Du dir deinen Beruf selbst ausgesucht hast und die Augen aufhältst bei der Berufswahl und der Beruf einen erheblichen Teil eines Tages ausmacht, dann kannst Du den ganzen Tag selbst bestimmen. Du hast einen Teil, den Du schläfst. Du hast einen Teil, den Du isst. Du hast einen Teil, in dem Du arbeitest. Du hast einen Teil, in dem Du fernsiehst, in dem Du Zeit mit der Familie verbringst oder ein Buch liest.

Wie man das selbst am besten macht, das muss jeder selber entscheiden. Ich erzähle aber, wie ich es mache. Es ist auch eine Frage des Biorhythmus. Zu meiner Morgenroutine komme ich an einer anderen Stelle, deshalb werde ich diese hier nur kurz beschreiben. Mein Tag beginnt mit meiner Morgenroutine und morgens versuche ich immer, das Wichtigste am Tag zu erledigen. Mein Tag und meine Tagesplanung beginnen aber schon früher. Und zwar mindestens am Abend zuvor oder meistens am Sonntag vor der Woche. Manche Planungen sind natürlich noch viel langfristiger.

Aber wenn man zwei Kinder hat, Familie hat, ein Unternehmen hat, sehr viele Termine hat, die reiseintensiv sind, dann hat man ja auch gar keine andere Wahl, als das zu planen, weil man sonst überhaupt gar keine Zeit mehr mit der Familie verbringen kann. Jedefalls wüsste ich nicht, wie es gehen sollte. Es würde in einer Katastrophe enden.

Man muss planen und es geht ja noch genug durcheinander trotz der Planung. Den Einwand habe ich auch schon gehört und so ist es natürlich. So ist es immer. Irgendwas kommt dazwischen. Man hat eine Panne. Das Wetter ist schlecht. Jemand ist krank. Dies und das hat nicht funktioniert. Das Internet fällt aus. Der Zug kommt zu spät. Das wissen wir, aber wovon ich rede, ist, generell ein Plan zu machen, zu überlegen, wie man sich den Tag einteilt.

Ich gehe da so vor, dass ich den Tag normalerweise so in 30 bis 60 Minuten Slots sehe. Dann lege ich fest, an welchen Tagen ich zum Beispiel vormittags Zeit haben möchte für Telefonate oder E-Mails. Oder ich möchte zum Beispiel in der Mittagszeit von 11 Uhr dreißig bis 16 Uhr nicht gestört werden, weil ich in dieser Zeit Mittagessen kochen möchte oder weil ich Mittagessen gehe oder weil ich Mittagsschlaf machen möchte. Oder weil ich intensiv an einem Projekt arbeiten möchte. Das sind Zeiten, die ich mir blocke.

Ich habe genauso Blöcke, die ich fest definiere, das sind mögliche Slots für Telefontermine. Und dann habe ich einen Link zu calender.ly, den ich allen potentiellen Kunden bzw. Terminbedürftigen zuschicke und sage: Hier könnt ihr euch einen Termin aussuchen und diese Termine, die sie auswählen dürfen, sind natürlich in meinem Kalender schon separat geblockt. Das heißt, sie können auch nur Termine auswählen, die für mich gut passen und die restliche Zeit über teile ich mir selbst ein, was ich da mache. Ob ich jetzt Zeit mit der Familie verbringe, ob ich einen Workshop gebe, den ganzen Tag beim Kunden bin, einen Reisetag habe oder was auch immer man so machen kann. Vielleicht gehe ich auch in den Zoo. Das kann ich mir selber zeitlich blocken.

Wenn ich mir überlege, wie viele Stunden ich für ein Projekt noch brauche, um etwas zu lesen, um ein Skript zu schreiben oder ähnliche Sachen, dann blocke ich mir diese Zeit. Natürlich versuche ich, auch immer Puffer einzuplanen. Das heißt, wenn ich davon ausgehe, dass etwas eine halbe Stunde dauert, dann plane ich auch gerne mal eine Stunde ein. Denn es ist besser so, als wenn ich dann gleich in die Kollision komme mit einem anderen Termin. Nicht immer ist das möglich, das stimmt.

Im Großen und Ganzen, um die Termine wirklich zu gestalten

und deinen Tag zu gestalten, Deine Woche zu gestalten, ist es absolut wichtig, dass Du Prioritäten setzt. Was ist Deine Priorität? Ist Deine Priorität, ein Buch in der Woche zu lesen oder zwei Bücher im Monat? Oder ist Deine Priorität, eine Staffel Game of Thrones zu gucken? Oder ist Deine Priorität, jeden Abend einen Kinofilm zu schauen? Oder ist Deine Priorität, Playstation zu spielen? Ist Deine Priorität, Essen selbst zu kochen oder möchtest lieber was anderes machen? Da musst Du abwägen.

Ich liebe es z.B. zu kochen, deshalb nehme ich mir oft die Zeit dazu, auch für die Familie zu kochen. Wir haben auch einen Bauern, der uns mit Lebensmitteln beliefert. Das bedeutet, wir bekommen sehr hochwertiges Essen und das möchte man natürlich auch hochwertig genießen. Dann nimmt man sich auch gerne die Zeit zu kochen. Die Zeit ist da, man muss sie sich nur nehmen.

Ich habe auch früher nur aus der Tiefkühltruhe irgendwelche Sachen in die Pfanne gehauen und innerhalb von fünf Minuten alles fertig gekocht und gegessen. Oder nur Nudeln mit Pesto gegessen. Und es gibt auch heute noch Tage, an denen ich mal Pesto esse, an denen ich nur zum Dönerladen gehe und mir etwas hole. Oder wir essen im Büro oft Pizza, weil wir unser Büro direkt neben einer Pizzeria haben. Aber daran ist nicht die Pizzeria schuld, sondern das ist unsere eigene Entscheidung. Das ist unsere eigene

Priorität. Zeit ist genug da. Genauso, wie viele sagen, Geld ist genug da. Es geht um die Priorität. Ich werde später auch nochmal übers Geld sprechen. Es gibt sehr viele Analogien.

Ich habe schon über Ausreden gesprochen, aber der Satz: „Ich habe doch keine Zeit" ist eine der meist gehörten Ausreden für Dich und für mich und für uns alle. Das lasse ich nicht gelten. Bedenke: Alle wollen den Himmel, aber keiner will sterben. Und wenn man etwas erreichen will, dann muss man auch die Zeit dafür investieren. Da muss man die Priorität auf das Ziel setzen.

In einem Interview habe ich mal gehört, wie Gerald Hörhan, der eine besondere interessante Persönlichkeit ist, die man sich unbedingt anschauen sollte, erzählt, dass er neben seinem Studium in Harvard, noch eine 30-Stunden-Woche gearbeitet habe. Und ein Studium in Harvard ist kein Studium, was man so auf der rechten Pobacke absitzt. Er hat dieses Studium mit summa cum laude abgeschlossen. Da muss man Prioritäten setzen. Das heißt: Weniger Party, weniger Frauen, weniger Schlaf und da hat man vielleicht auch keine Zeit, frisch zu kochen, dann muss man essen gehen oder Junkfood essen. Aber er hatte dieses Ziel und er hat es durchgezogen.

Wer Gerald Hörhan kennt: Es macht wirklich sehr viel Sinn, sich mit ihm auszutauschen, wenn man ihn trifft. Ich denke, man kann viel von ihm lernen. Du musst ja nicht so leben wie er. Es ist trotzdem sehr lehrreich, finde ich. Ich habe ihn schon mehrmals getroffen und ich finde, dass er wirklich ein besonderer Typ ist, echt cool, weil er sehr viel erreicht hat. Und da kann man sich echt eine Scheibe abschneiden.

Also Zeitmanagement ist nicht nur wichtig, wie ich schon die ganze Zeit betone, sondern ich denke sogar, Zeitmanagement ist Mindset. Zeitmanagement ist Einstellungssache. Dein Zeitmanagement zeigt auch, was Du für eine Person bist und was Deine Ziele sind und was dir wichtig ist. Dazu gehört zum Beispiel auch Pünktlichkeit, Deadlines einhalten, Ausreden in diese Richtung. Es kann immer mal etwas dazwischen kommen, das ist gar keine Frage. Du wirst aber ziemlich schnell merken, bei Mitarbeitern, bei Partnern, bei Freelancern und so weiter: Wenn das mit dem Zeitmanagement nicht stimmt und nicht klappt und auf Dauer immer wieder Probleme bereitet, dann ist das auch ein Problem mit dem Mindset.

Also überlege dir, wie dein Mindset ist und wie dein Zeitmanagement ist. Im Laufe dieses Buches werde ich auch nochmal über mein Erfolgsjournal sprechen, das ist in Kombination mit meinem Zeitmanagement auch sehr wichtig zur Reflektion und zur Optimierung. Also: Nutze die Zeit, die Du hast, für das, was Du machen willst.

5

HUNDERTZEHN PROZENT

Es ist mathematisch natürlich Unsinn, 110 Prozent, denn es gibt nicht mehr als 100. Was damit gemeint ist, wissen aber trotzdem viele. Wenn man 110 Prozent gibt, bedeutet das, dass man sich einfach etwas mehr Mühe gibt als man muss. Zum einen sehe ich das bei Projekten, die wir für Kunden erledigen. Dort versuchen wir zum Beispiel, immer eine Schippe draufzulegen, ein bisschen mehr zu machen als nötig, ein bisschen mehr als erwartet, denn so werden Kunden zu Fans. Und das ist immer mein Ziel.

Denn es geht nicht nur darum, einfach einmal abzuliefern als Dienstleister. Das erlebt man leider viel zu häufig und wenn man in so einer Situation ist, dann findet man es eigentlich eher schade und sucht man sich beim nächsten Mal jemand anderen. Deshalb lohnt es sich, 110 Prozent zu geben, diese zehn Prozent, die man noch mal Aufschlag obendrauf packt, die man quasi gratis mit dazugibt. Das ist wie an der Wursttheke, wenn man nochmal ein paar Scheiben zum Probieren bekommt oder wenn man einfach eine Scheibe Käse mehr bekommt und so weiter und so weiter.

Also 110 Prozent!

Ich war gestern Tannenbäume kaufen. Ich wollte eigentlich einen Tannenbaum kaufen für den Kindergarten meines Sohnes. Und dann hat mir die Verkäuferin tatsächlich, weil ich eine rührende Geschichte erzählt habe, noch einen kleinen Tannenbaum gratis dazu gegeben. Sie hat mir einen kleinen Baum dazu gegeben, obwohl der große schon recht günstig war, weil ich erzählt habe, dass es für den Kindergarten ist. Und sie sagte: „Das ist sehr gut. Der Baum hier, der ist nicht so schön, den kann ich nicht mehr verkaufen. Den schenke ich euch. Den können die Kinder dann zersägen und aus dem Tannengrün irgendetwas basteln." Eine super geniale Geschichte. Das hat mich nicht viel gekostet. Aber es bringt so viel, dass sie jetzt sogar hier in meinem Buch erwähne.

110 Prozent. Und solange das möglich ist, geben wir gerne und legen oben einen drauf. Auch in meiner Zeitplanung oder in der Effizienz, die daraus entsteht, gebe ich 110 Prozent. Ich schaue also, wie ich diesen Tag so gut wie möglich nutzen und planen kann. Das bedeutet auch, dass man einfach mal die Komfortzone verlassen muss.

Wie sieht das genau aus? Machen wir es an einem Beispiel fest: Ich habe einen Termin in einer Stadt, die mit dem Zug vier Stunden entfernt ist. Das heißt: Morgens früh aufstehen, fertigmachen, mit dem Fahrrad zum Bahnhof, dann mit dem Zug in die Stadt fahren. Unterwegs wird gearbeitet, das heißt, ich versuche, im Zug einiges, was ich vorbereitet habe, abzuarbeiten und das Internet und den Strom, die man vor Ort hat, und diese Zeit im Zug so effektiv wie möglich zu nutzen, denn telefonieren kann man im Zug nicht.

Und wenn ich angekommen bin an dem Ort, dann versuche ich, da möglichst noch mehr Termine abzurocken. Nicht nur einen einzigen Termin, der mich mit Fahrt einen ganzen Tag kostet, sondern ich mache das so: Wenn ich jetzt schon mal in Berlin bin, versuche ich, mehrere Termine geballt auf diesen einen Tag zu legen oder wenn ich zwei Tage da bin, versuche ich, die Termine entsprechend zu verteilen.

Und so füllt sich dann der Tag und dann bin ich morgens in Köln, mittags in Hamburg, abends in Berlin – das kommt durchaus vor. Und das liebe ich so. Effizient alles so durchzutakten, dass man wirklich zack zack zack zack zack die Slots gepackt hat und die Reisezeiten dazwischen verteilt – und dann kann man im Endeffekt auf mehreren Hochzeiten tanzen.

Das heißt, ich habe zum Beispiel abends noch einen Vortrag in der einen Stadt, reise dann weiter, habe am nächsten Tag ein Kundentermin in einer anderen Stadt. Auf der Reise im Zug schreibe ich zum Beispiel an einer Podcastfolge oder an einem Konzept für einen Kunden. Das geht Hand in Hand mit meinem Zeitmanagement. Und ich denke, das ist eine Frage des Mindsets. Bist Du zufrieden, wenn Du einfach nur 100 Prozent gibst? Bist Du schnell am Limit und denkst dir, mehr kannst Du an einem Tag auf jeden Fall nicht erreichen? Dann bewegst Du Dich natürlich auch langsamer.

Wenn Du dir erfolgreiche Menschen anschaust und die Lebensgeschichte von erfolgreichen Menschen und erfolgreiche
Biografien, dann sieht das meistens genauso aus und ist genauso
durchgetaktet wie bei mir. Wenn ich unterwegs bin, dann versuche
ich, jede Minute sehr gut zu nutzen, denn ich möchte, wenn ich
zurück bin, Zeit mit meiner Familie haben. Das ist meine Priorität
und deshalb takte ich entsprechend. Deswegen sind bei mir manche
Tage so effektiv, wie bei anderen zwei Tage, manchmal sogar noch
mehr. Dass dann am Ende natürlich auch mehr dabei rumkommt,
wir mehr produziert haben, an mehr Projekten arbeiten, das ist
ja ganz normal. Und da wundert sich dann der eine oder andere,
wie das geht. Dann hätten sie auch gerne diesen Erfolg. Damit
sind wir wieder bei dem Beispiel: Alle wollen bei der Siegesfeier
mitmachen, aber keiner will am Rennen teilnehmen.

Manchmal habe ich auch das Gefühl, dass wir eine ähnliche
Tendenz in der Startup-Szene sehen. Die Worte Entrepreneur
und Startup und Gründer sind Mode geworden und viele finden
es irgendwie sexy und erstrebenswert. Aber Entrepreneur sein ist
nicht sexy, sondern das ist harte Arbeit. Es bedeutet, mindestens
110 Prozent zu geben.

Seitdem die Fernsehsendung „Die Höhle der Löwen" läuft,
gibt es noch viel mehr Leute, die sich mit Gründer und Startups

beschäftigen. Das ist auch cool. Das sorgt auch für Innovation. Aber es gibt halt auch die Trittbrettfahrer die Schnacker, wie man in Hamburg sagt. Da hat man manchmal das Gefühl, das sind Faker, das sind Blender. Ich sage das jetzt einfach mal so in dieser Deutlichkeit. Das ist etwas, was mir auffällt.

Und alle Unternehmer, die das hier hören, werden mir zustimmen. Wenn Du Unternehmer bist und wir uns vielleicht sogar schon mal darüber ausgetauscht haben: Jeder kennt das. Da ist es ein Leichtes, 110 Prozent zu geben, man ist mit Leidenschaft dabei. Man macht nicht Dienst nach Vorschrift, sondern man gibt einfach hundertzehn, man legt die Schippe drauf, man gibt sich besonders Mühe. Es soll geil werden. Man arbeitet dann auch länger.

Ich bin trotzdem der Meinung, man sollte seine Work-Life-Balance im Gleichgewicht haben. Ich bin Familienvater mit zwei Kindern. Ich versuche immer, diese Zeit gut einzuplanen für Besuche im Park, Kinderspielplatz, Museen, Schwimmen, Schneeballschlacht oder Brettspiele mit den Kindern. Und dafür gebe ich gerne an den anderen Tagen 110 Prozent und gebe mir richtig Mühe.

Was ich damit sagen will, ist: Wenn Du einen einfachen Job suchst und Dich nicht besonders anstrengen willst oder wenn Du nichts tun willst für dein Geld, dann ist Gründer oder Entrepreneur sein oder ein Start-up gründen nicht das Richtige für Dich.

Und nochmal an alle, die da draußen denken: Passives Einkommen kommt von alleine wie ein Lottogewinn, ohne dass man einen Lottoschein ausfüllt. Die sind auf dem Holzweg. Selbst wenn Du ein Onlinebusiness hast mit digitalen Produkten, mit dem Du nahezu automatisch Geld verdienst, muss man sehr viel Arbeit reinstecken, bevor der Prozess richtig läuft. Wenn jemand etwas anderes erzählt, lügt er.

Und selbst wenn Du Dich im Affiliate Marketing betätigst, ist es nicht einfach nur ein Knopfdrücken und Gelddrucken, sondern auch dort gilt es, sehr viel Vorbereitungszeit und Arbeit reinzustecken, damit ein Produkt oder ein Projekt wirklich gut funktioniert und auch lukrativ ist. Ehrlicherweise ist es eigentlich so, dass alle Start-up-Gründer, Entrepreneure oder Online-Marketer im Endeffekt ziemliche Nerds sind. Und aus der Nähe betrachtet ist diese Arbeit gar nicht so sexy. Es ist Konzentration, vielleicht ist es sogar langweilig, aber es lohnt sich.

Das Spannende daran ist, Prozesse zu entwickeln, zu sehen, wie sie funktionieren. Das ist dann wie ein Spiel. So ähnlich sehe ich es auch bei Werbekampagnen. Das macht richtig Bock. Das ist wie ein Spiel. Und wenn man ein Spiel spielt und mit Leidenschaft dabei ist, dann ist es Erfüllung. Dann ist es Erfüllung und dann gibt man gerne 110 Prozent.

Also wenn Du in deinem Beruf nicht gerne 110 Prozent gibst oder in deinem Projekt, dann bist Du im falschen Projekt. Denk darüber nach und reflektiere das. Frage Dich das, schreibe das auf, lies dir gerne diese Lektion noch einmal durch. Einstein hat einmal gesagt: Es ist Wahnsinn, immer das Gleiche zu tun, und ein anderes Ergebnis zu erwarten. Also mach was draus und gib 110 Prozent.

6

DIE EIERLEGENDE WOLLMILCHSAU

Heute gehe ich davon aus, dass man sich auf ein Segment, in dem man erfolgreicher werden will, unbedingt konzentrieren muss, egal ob beruflich oder privat. Man braucht den Fokus. Man muss natürlich sein Ziel kennen und man muss es für sich selbst definieren und dann kann man sich darauf fokussieren und alles tun, damit man dies erreicht. Dabei ist es nicht wichtig, dass man das Ziel 100 Prozent erreicht, sondern das Ziel kann auch eine Richtung sein.

Ich habe mal etwas gelesen, das war ein sehr schönes Bild in diesem Bezug. Das Ziel ist wie eine Dartscheibe, auf die man wirft. Wir stehen 5 Meter entfernt von der Dartscheibe, haben den Dart in der Hand und werfen auf die Scheibe. Wir treffen vielleicht nicht unbedingt das Bulls Eye oder die Triple 20, aber wir treffen zumindest die Scheibe. Das heißt: Wenn wir diesen Fokus nicht hätten und einfach irgendwo im Raum stehen und in irgendeine Richtung werfen, ohne dass wir wissen, in welcher Richtung überhaupt die Scheibe ist, dann ist die Wahrscheinlichkeit, dass wir die Scheibe überhaupt treffen, sehr gering.

Ich habe für meinen Teil sehr lange gebraucht, um diesen Fokus überhaupt aufzubauen und auch dieses Ziel für mich zu definieren. Ich bin sehr viel herumgesprungen, könnte man sagen. Manche sagen auch: Ich habe viel hochgeworfen und viel ausprobiert.

In Kürze: Nach der Schule war ich Bankkaufmann. Dann war ich Reiseleiter in Amsterdam. Danach habe ich beim Radio gearbeitet als Radio Produzent, habe Medientechnik studiert und nebenbei im Wettbüro gearbeitet und einmal in den Semesterferien habe ich sogar in einer Eisfabrik gejobbt. Aber alle diese Stationen waren nötig, damit ich meine Erkenntnis daraus ziehen konnte, was ich eigentlich wirklich machen möchte.

Leider habe ich erst später angefangen, bewusst zu lesen und meine Persönlichkeit so zu entwickeln, dass ich bewusst solche Entscheidungen treffe, dass ich bewusst Ziele aufschreibe, Journale führe und so weiter. Heute bin ich davon überzeugt, dass ich dir das unbedingt raten möchte, so etwas ebenfalls durchzuziehen. Dadurch wirst Du einfach viel erfolgreicher werden in dem, was zu machen ist. Im Grunde genommen sollte man das in der Schule lernen, dass man sich auf diese Weise seiner Ziele bewusst wird und dass man einen Fokus setzt. Das liest man fast in jedem Buch. Warum liest man das nicht in der Schule? Warum bringt einem das kein Lehrer bei? Das verstehe ich einfach nicht.

Jede Münze hat natürlich immer zwei Seiten und so kann man auch sagen, Du solltest Dich irgendwann mal entscheiden, was Du machen willst. Du wirst ja nicht jünger. Das ist so die Bredouille, der man entgegen läuft, die macht einem natürlich auch Angst.

Als ich meinen Weg gefunden und für mich definiert hatte, habe ich den nächsten Fehler gemacht und wollte alles alleine machen. Das Prinzip der eierlegenden Wollmilchsau. Mir fiel es schwer, Aufgaben abzugeben und ich war zu geizig, mir Experten mit ins Boot zu holen oder Profis auf den verschiedenen Gebieten. Das hieß dann, dass ich mir autodidaktisch die unterschiedlichsten Arbeitsabläufe und Prozesse ansah und selber umsetzte. Das war zwar sehr lehrreich, aber ebenfalls sehr mühsam und sehr zeitraubend. Vor allem hatten diese Prozesse meistens nichts mit meinem Kerngeschäft zu tun.

Sie raubten mir sehr viel Zeit und nach dem Pareto-Prinzip kann man sagen, 80 Prozent der Zeit habe ich nur administrative Arbeiten gemacht, die nichts mit meinem Kerngeschäft zu tun hatten. Die restlichen 20 Prozent machten den Teil aus, der erstens Gewinn brachte, zweitens mein Kerngeschäft und meine Expertise war und drittens am meisten Spaß brachte.

Mein Problem ist, dass ich ein Kontrollfreak bin. Heute sage ich: Ich war ein Kontrollfreak. Aber vielleicht ist das so wie mit einem trockenen Alkoholiker. Man kommt davon niemals wirklich los, also könnte man sagen: Ich bin ein trockener Kontrollfreak. Leider hatte ich geschäftlich ein paar schlechte Erfahrungen gemacht und die haben mein Urvertrauen in Geschäftsbeziehung ein wenig blockiert.

Ein Beispiel aus dem privaten Umfeld. Ich sage: Ich bin ein schlechter Beifahrer. Du kannst es dir so vorstellen: Wenn Du mit mir im Auto sitzt und ich bin der Beifahrer, dann werde ich Dich die ganze Zeit kritisieren, dass Du zu schnell oder zu langsam fährst oder zu schnell die Spur wechselst, zu wenig links oder ähnliche Sachen. Das ist furchtbar, ich weiß das. Vor allem für die Fahrer. Deshalb sage ich: Ja, ich bin ein schlechter Beifahrer. Ich arbeite die ganze Zeit daran und versuche, das zu beheben, könnte man sagen.

Ich erinnere mich an eine Geschichte, die finde ich besonders schlimm. Damals hatte ich mir ein Wohnmobil von einem guten Freund ausgeliehen. Es war ein sehr großes Wohnmobil mit sehr vielen Betten und damit bin ich mit vier Kumpels zu einem Musikfestival gefahren. Das Musikfestival ging drei oder vier Tage und am Sonntagmittag fuhren wir dann wieder nach Hause. Ich war sehr müde und wollte eigentlich nicht fahren.

Als ich aber hinten auf meiner Pritsche lag, überkam es mich und ich musste doch nach vorne gehen und mein Freund, der am Steuer saß, ablösen. Warum ist das so? Ich konnte es einfach in meinem Kopf nicht verkraften, dass er am Steuer sitzt. Ich hatte Angst, dass er einen Unfall baut und das Auto meines Kumpels, was ich mir ausgeliehen hatte, kaputt fährt. Ich dachte mir, das würde dann auch wieder auf mich zurückfallen. Deshalb wollte ich lieber selber am Steuer sitzen. Ich wollte lieber selber das Steuer in der Hand haben und ging dann eher davon aus, dass, wenn ich fahre, nichts passieren kann. Deshalb bin ich gefahren.

Man sieht den Kontrollfreak in mir, obwohl ich generell ein lockerer Typ bin. In diesem Punkt bin ich dann nicht locker genug, um das Steuer jemand anders zu geben. Ich bin also ein schlechter Beifahrer. Aber früher oder später muss man erkennen, dass man keine eierlegende Wollmilchsau sein kann und besser ist es, man erkennt es auf diesse Weise jetzt hier in diesem Buch durch Selbstreflektion als auf die harte Tour, wenn Du es irgendwann körperlich nicht mehr hinkriegst, wenn Du einen Burnout hast oder Schlimmeres.

Diesen Fall hatte ich zum Glück nicht, aber ich muss ganz ehrlich sagen, dass ich solche Situationen in meinem Kopf immer wieder reflektiere und überlege, was ich für mich herausziehen kann und daraus lernen. Und wenn ich Bücher lese, dann reflektiere ich diese Geschichten, die Inhalte, die Tipps und die Ideen immer auch mit meinem Leben. So mache ich es ja auch hier in diesem Buch. Ich versuche, sie immer mit Geschichten, die ich erlebt habe, zu verknüpfen. So kann ich mir das besser merken und überprüfe gleichzeitig für mich, ob ich jetzt noch auf dem richtigen Weg bin.

Wie das für Dich funktioniert, kann ich nur vermuten. Du kannst es selber ausprobieren. Ich hoffe, es hilft dir, wenn Du von mir meine Geschichte hörst.

Der dritte Punkt der eierlegenden Wollmilchsau zieht sich dann ins Professionelle. Das bedeutet: Die Positionierung. Auch hier hatte ich meine Probleme, als meine heutige Firma gegründet wurde, Frogmotion. Das war 2012, und mein Slogan war: Wir machen Filme. Allgemeiner kann man das ja gar nicht sagen. Was haben wir gemacht? Wir waren in erster Linie Dienstleister für Fernsehsender, für Fernsehproduktionen, Werbeproduktionen und Werbeagenturen.

Wir waren in einer Situation, in der wir immer darauf angewiesen waren, dass andere uns quasi als Werkzeug einsetzen. Das ist ein hart umkämpfter Markt. Es gibt sehr viel Konkurrenz. Deshalb ist es besonders wichtig, dass man sich speziell positioniert. Zu dem Zeitpunkt mit dem Slogan „Wir machen Filme" wollte ich einfach nur Aufträge haben. Hauptsache, ein Auftrag. Hauptsache, irgendetwas machen.

Wenn Du das hier liest, dann wirst Du sofort merken, dass es sehr unprofessionell ist. Das ist keine Strategie, das ist das

Prinzip Hoffnung. Das ist das Prinzip eines verzweifelten Free-lancers, der irgendwie an Aufträge kommen will. Immer, wenn jemand gefragt hat: „Was macht ihr eigentlich alles?" haben wir geantwortet: „Alles, was sich bewegt, was flimmert." Aber leider führt das dazu, dass man die Marke Frog Motion mit nichts richtig verbindet und gleichzeitig, dass man keinen Charakter hat, weil es aalglatt ist – und wer möchte schon aalglatt sein. Wer möchte schon keinen Charakter haben, keine Persönlichkeit.

Und genau das schafft man über Positionierung. Leider hatte ich damals keinen Mentor, der mir das so erklärt hat und mich an die Hand genommen hat. Leider habe ich nicht die richtigen Bücher gelesen zu dem Zeitpunkt. Heute kann ich dir da einige Bücher empfehlen. Zu allererst das Buch „Positioning" von Al Ries und Jack Trout. Darin ist sehr geil beschrieben, wie Marken funktionieren, wie Positionierung funktioniert und warum man das in der heutigen Welt eigentlich braucht.

Ganz kurzer Einblick: Heute existiert mehr denn je ein riesiger Kampf um Aufmerksamkeit. Wir haben so viel Unterhaltung, die auf uns einprasselt durch Fernsehen, Radio, Internet, Kino, Filme, Sex, Sport und Musik, Handy Apps und Flatrates in alle Richtungen. Da fragt man sich: Wie kommst Du eigentlich auf die Idee, dieses Buch zu lesen oder zu hören? Und diese Informations- und Kommunikationsflut beschreiben die Autoren wie einen nassen Schwamm. Ein nasser Schwamm, auf den wir nun versuchen, noch mehr Wasser zu gießen mit unserer Marke.

Deshalb ist es sehr wichtig um aus diesem Nebel der Kommunikationsflut hervorzustechen, sich ordentlich zu positionieren und einen besonderen USP zu erreichen. Das ist in jedem Segment möglich. Du musst Dich aber konzentrieren. Du musst Dich fokussieren auf dein Ziel und Du musst überlegen: Was ist das, was Du machen möchtest? Was ist das, was Du gut kannst? Das musst Du nach außen kehren. Das gilt im Beruflichen wie im Privaten. Dadurch fühlst Du Dich wohler, fühlst Du Dich stärker, machst automatisch das, was dir Spaß bringt und gleichzeitig kannst Du noch aus diesem Dickicht hervorstoßen. Das ist einfach genial. Das ist eine Win-win-win-Situation.

In dem Buch „Positioning" führen die beiden Autoren das Beispiel von Tempo auf. Tempo ist heute fast schon als Synonym zu verstehen für Taschentücher. Oder wie ist das internationale Wort für Windel? Richtig, Pampers. Und auch wenn Du nicht mit Tempo oder mit Pampers konkurrieren möchtest, musst Du so denken. Du musst Dich genau dieser Systematiken bedienen. Du musst im Prinzip zu dir sagen: Ich möchte das nächste Tempo werden. Meine Company soll das nächste Tempo werden in meinem Segment.

Da geht es nicht darum, dass Du irgendwen kopierst. Denk an die Zielscheibe, die ich vorhin erwähnt habe. Die Zielscheibe hilft dir beim Visieren der richtigen Richtung. Genauso ist es da auch. Nimm dir ein Beispiel an diesen Marken, positioniere Dich. Dadurch bekommst Du automatisch Charakter und dann bist Du keine eierlegende Wollmilchsau mehr.

KOPF SCHLÄGT POTENZIAL

7

VOR ÜBER HUNDERT JAHREN

Da gab es einen Jungen, der hatte neun Geschwister. Und dieser Junge musste mit seinen Geschwistern sehr viel auf dem Feld arbeiten, wie das zu jener Zeit leider üblich war. Das war noch echte Handarbeit. Er ackerte also Tag für Tag auf dem Feld und zwar etliche Stunden. Irgendwann sagt er: Das, was wir hier machen, ist menschenunwürdig. Wir brauchen Maschinen, die das machen. Das war der Tag, an dem in seinem Kopf die Idee geboren war, mit Maschinen die Landwirtschaft zu revolutionieren.

Dieser Mann baute zuerst Trecker und schließlich Automobile, die ein breites Publikum erreichten. Er revolutionierte Fabriken und Prozesse, führte die Fließbandarbeit ein. Aber nicht nur das. Dieser Mann führte später auch die 37-Stunden-Woche ein, damit die Mitarbeiter mehr Motivation hatten in dieser Fabrik zu arbeiten. Dieser Mann war Henry Ford.

Ich kann nur jedem empfehlen, die Lebensgeschichte von Henry Ford zu lesen. Wie viele Lebensgeschichten von Unternehmern ist auch seine sehr sehr lehrreich. Warum erzähle ich diese Geschichte? Als der kleine Henry ursprünglich auf dem Feld sagte, es sei menschenunwürdig, wurde er ausgelacht. Und so ist es immer. Das ist die Regel. Vielleicht kennst Du das Zitat, welches Mahatma Ghandi zugeschrieben wird: Zuerst ignorieren sie Dich, dann lachen sie über Dich, dann bekämpfen sie Dich und dann gewinnst Du. Ich habe das am eigenen Leibe erfahren.

Es ist ein harter Weg, durch den man da schreiten muss. Immer wenn Du mit etwas anfängst, vor allem wenn Du als First Mover irgendwo rein gehst, als erster, der das durchzieht. Der erste, der so einen Weg geht und sich an nichts Vergleichbarem orientieren kann, hat es am schwersten. Wie der erstgeborene Sohn oder das erstgeborene Mädchen, was mit den Eltern darum kämpfen muss, wann es ins Bett gehen darf. Die Erstgeborenen werden dann früh ins Bett geschickt. Die Eltern sind hart und später, wenn die Zweit- und Drittgeborenen kommen, wird das alles ein bisschen lockerer gesehen.

Vielleicht kennst Du diese Geschichten. Als wir vor drei Jahren etwa mit dem Kanal anfingen und gesagt haben, unsere Mission ist es, die genialsten Ideen in Animationsfilmen zu animieren, da weiß ich noch heute, wie mir das Gelächter entgegentrat. Ich wurde nicht ignoriert, sondern ich wurde erstmal belächelt. Und wenn wir mit Kunden arbeiten und YouTube-Kampagnen aufbauen und Contentmarketing, dann haben wir eine ähnliche Situation: Wir konfrontieren die Zielgruppe mit etwas völlig Neuem und fangen an, regelmäßig Inhalte zu veröffentlichen. Solche Kampagnen laufen immer mindestens in halbes Jahr. Das heißt, wir reden so von 12 bis 25 Sendungen in sechs Monaten.

Normalerweise denken wir bei solchen Kampagnen immer in Jahren, wenn wir regelmäßige Formate aufbauen. Hier kann man natürlich nicht in Zeiträumen von drei Wochen denken. Und was wir immer wieder sehen bei all diesen Beispielen: Die ersten Sendungen, die veröffentlicht werden, da kommt es dem Zuschauer oder auch den Zuhörern so vor: Ja, das ist schon ganz nice, aber mal gucken, ob die das ernst meinen. Das ist sozusagen die Probezeit. In den ersten Monaten oder Wochen wirst Du getestet.

Wenn wir irgendwas starten, dann testen wir natürlich Sachen an. Aber dann haben wir eine langfristige Perspektive. Wir testen vorher sehr viel aus, probieren aus, einigen uns auf etwas – und dann gehen wir davon aus, dass wir mindestens sechs Monate daran arbeiten, damit wir überhaupt eine Lernkurve haben. Du kannst nichts testen, ohne dass Du Traffic hast. Und um signifikant etwas zu testen, brauchst Du sogar sehr viel Traffic, denn Du brauchst Erfahrungswerte.

Am Anfang wirst Du belächelt, ausgelacht, ignoriert. Da sind wenige Leute, die gleich am Anfang etwas richtig geil finden und sagen, das hat jetzt echt gefehlt und wir sind auf jeden Fall dabei und sind gespannt, was noch kommt. Es sei denn, Du hast schon andere Projekte, von denen Du Leute mitnehmen kannst, Fans, die dir diesen Push geben. Hat man meistens nicht. Du wirst also am Anfang ausgelacht.

Genauso auch ich, als ich meinen Podcast gestartet habe, obwohl ich da schon sehr viel Schwung vom YouTube-Kanal hatte. Vor fast einem Jahr habe ich den Podcast gestartet und ich habe angefangen und alle zwei Tage eine Sendung veröffentlicht. Eigentlich wollte ich das nur eine Woche so durchziehen in dieser Frequenz, aber dann habe ich das weiter beibehalten. Dann sagte man mir, das sei ja schon ganz schön, was ich da mache, aber man fragte mich auch, wie lange ich das eigentlich durchziehen will. Ich habe gesagt: Ich liebe es, das zu machen. Ich mache das so gerne und ich habe so viele Themen. Ich habe so viele Leute, über die ich sprechen möchte. Deshalb mache ich weiter. Damit habe ich sehr viele Leute schockiert.

Und mittlerweile ist der Podcast mit weit über 100 Sendungen am Start und ist nominiert für den deutschen Podcast-Preis in der Kategorie Bildung, während ich das hier schreibe. Es ist sensationell, was sich in Bezug auf Werbepartner ergeben hat.

Ich möchte damit sagen: Natürlich wirst Du einfach ausgelacht. Aber Du darfst jetzt nicht gleich den Kopf in den Sand stecken, sondern Du musst weitermachen. Am besten mit Scheuklappen. Konzentriere Dich nicht auf die, die den Raum verlassen, sondern konzentriere sich auf die, die im Raum bleiben. Die werden vielleicht erstmal nichts sagen. Geh deinen Weg.

Ich glaube, unser „5 IDEEN"-Kanal ist ein sehr gutes Beispiel. Wir haben angefangen, wurden belächelt, aber als wir nach einem halben Jahr 10.000 Abonnenten hatten da kippte das auf einmal. Es war wie ein Schalter, der umgelegt wurde. Und heute mit weit über 60.000 Abonnenten mit gerade mal 80 Videos, das ist selten. Und das ist großartig.

Ich merke das auch mit unserem „5 IDEEN"-Club. Anfang Februar gestartet, haben wir direkt einen grandiosen Start hingelegt. Besser als wir es erwartet hätten. Wir bringen natürlich auch den Schwung mit von der Reichweite, die wir schon haben. Und trotzdem sind da einige Stimmen, die das kritisieren und die es belächeln. Ich habe es natürlich nicht anders erwartet. Die Stimmen sind auch sehr wenige. Aber man kann sich dem nicht entziehen. Man denkt natürlich darüber nach.

Wir befüllen fünf Kategorien im Monat und zwar mit hochwertigem Content, mit genialen Ideen, mit sehr viel Leidenschaft, also mit vielen vielen Stunden Content. Am Ende des Jahres werden wir dementsprechend 60 solche Inhalte haben. Animationsfilme, Expertentalks, Videokurse, Hörbücher. 60 nach einem Jahr und viele dieser Stimmen, dieser Ignoranten und Neider oder Missgünstigen werden dann realisieren, dass das doch ganz schön krass ist. Und dann können sie einen nicht mehr einholen. Das ist der Vorteil des Firsts Mover. Du wirst belächelt. So wie Henry Ford. Und dann gewinnst Du.

8

DER SCHNÜRSENKEL

Ich kann mich noch ziemlich gut an eine Episode aus meiner Kindheit erinnern, bevor ich in die Schule kam. Ihr kennt das vielleicht. Manchmal ist es so, dass man sich an bestimmte Dinge sogar detailgenau erinnert, obwohl fast alles andere im Kopf ausgeblendet ist.

Diese eine Geschichte spielt im Kindergarten in Hamburg. Ich war damals so fünf oder sechs Jahre alt. Das weiß ich nicht mehr ganz genau, aber ich weiß noch, es war ein evangelischer Kindergarten in Hamburg Hamm beim Hammer Berg und dort wollte ich immer gerne ausbrechen. Ich hatte keine Lust dort zu sein. Ich habe den anderen Kindern erzählt, dass unter dem Hügel neben dem Kindergarten ein Dinosaurier vergraben ist, damit sie mir helfen, unter dem Zaun durch zu graben. Jede Pause haben wir dann mit unseren Schaufeln versucht, unter diesem Maschendrahtzaun ein Loch durchzugraben, um abzuhauen. Das wurde leider immer wieder von den Erziehern entdeckt und zugemacht. Das nur so am Rande, um so ein bisschen mein damaliges Mindset zu zeigen. Ich wollte mich damals schon nicht einsperren lassen und habe meine Freiheit gesucht. Das finde ich nach Nachhinein betrachtet eine sehr geile Anekdote.

Aber eines Tages in diesem jungen Alter ging ich zu meiner Mutter und sagte: Mama ich möchte keine Schnürsenkel-Schuhe mehr. Meine Mutter fragte mich wieso. Wieso willst Du keine Schnürsenkel-Schuhe mehr, die sind doch schick und Du bist doch schon ein großer Junge, Du brauchst doch jetzt keine Klettverschlüsse mehr. Ich konnte mir schon, bevor ich in die Schule kam, die Schule zubinden. Das habe ich eigentlich gar nicht weiter beachtet. Das war einfach so, nachdem ich es konnte. Aber die anderen Kinder, die das nicht konnten, die waren neidisch.

Das führte dazu, dass sie mir ständig die Schuhe aufmachen wollten. Ständig sind sie zu meinen Füßen gesprungen und haben die Schleifen aufgemacht oder sie haben so lange daran rumgefummelt, wenn sie herumstanden, bis ein Knoten drin war. Und das hat mich natürlich genervt. Ich habe mich total geärgert, wie Kinder so sind.

Ich kann mich jetzt nicht mehr genau daran erinnern, wie sehr ich mich darüber geärgert habe. Ich war so traurig, dass mein Schluss daraus war: Mama, ich will keine Schnürsenkel-Schuhe mehr haben. Das heißt: Ich möchte genau die gleichen Schuhe haben wie alle anderen. Ich möchte Klettverschluss-Schuhe haben. Meine Mutter sagte mir aber, ich brauche keine Klettverschluss-Schuhe mehr, ich sei schon groß und könne schon eine Schleife und die anderen Kinder sind nur neidisch.

Warum erzähle ich euch diese Geschichte? Es symbolisiert das Streben nach Normalität. Viele da draußen sagen, sie möchten gern normal sein, sie möchten einen normalen Beruf, ein normales Auto, normales Geld, eine normale Familie, normalen Urlaub und so weiter und so weiter. Das heißt, man versucht sich im Mittelmaß einzugliedern.

Das liegt daran, dass unsere Gesellschaft oft aufstrebende Personen niedermäht – so ähnlich wie Grashalme, die zu hoch wachsen, abgeschnitten werden müssen. Das führt dazu, dass Leute sich scheuen, eine solche Person zu werden, weil sie sich sagen: Ich möchte gar nicht so auffallen, ich möchte gar nicht so im Rampenlicht stehen, ich möchte gar nicht, dass die Leute öffentlich mein Tun bewerten. Und auf gar keinen Fall möchte ich da unten sein, ein Nichtsnutz, ein Faulpelz oder Unterschicht sein. Was alle wollen: Mittelschicht sein. Alle wollen normal sein.

Und das führt dann nachher dazu, dass Du beispielsweise Klettverschluss-Schuhe nimmst, nur weil es einfacher ist, Klettverschluss-Schuhe anzuziehen in einem Umfeld, in dem alle neidisch auf Dich sind, wenn Du Schnürsenkel hast. Es klingt jetzt vielleicht ein bisschen weit hergeholt und affig, aber ich glaube, dass es so laufen muss dass wir verstehen, wie wir ticken. Das ist die innere Psychologie, die wir haben.

Es gibt zum Beispiel überall auf der Welt Gegenden, die für einen bestimmten Berufszweig bekannt sind oder gerade geprägt durch ein großes Unternehmen in der Nähe. In dieser Ecke ist es der Automobilkonzern, in dieser Ecke ist es dieser Pharma-Konzern, in dieser Ecke ist es dieser Mobilfunkkonzern. Das heißt, viele, die in dieser Region leben, arbeiten bei diesem Arbeitgeber oder in der entsprechenden Berufsgruppe. Wenn dann ein Kind heranwächst, wird manchmal gar nicht die Frage gestellt, ob es irgendetwas lernen will, sondern es wird quasi vorausgesetzt, dass dieses Kind, diese Person auch in dem entsprechenden Bereich arbeitet, natürlich Automobilbranche und natürlich Pharma-Konzern, natürlich Telekommunikation. Das ist hier so in unserer Gegend. Das ist normal.

In unserer Familie ist es normal, dass wir alle Arbeiter sind oder dass wir alle Akademiker sind oder dass wir alle Lehrer sind. Das bedeutet: Es wird einem eine Normalität definiert. Und viele halten sich dann daran und denken dann, es wäre gegen die Natur, wenn sie sich anders verhalten würden. Oh nein, in meiner Welt haben alle Klettverschluss-Schuhe. Ich kann keine Schnürsenkel-Schuhe tragen. In meiner Welt arbeiten alle bei diesem Autokonzern. Warum soll ich also solche Bücher lesen? In meiner Familie sind alle Ingenieure. Was wäre

ich denn für einer, wenn ich jetzt auf einmal einen Internet-
-Handel aufmache?

Leider werden diese Schubladen, diese Strukturen, dieses
Mindset hier sehr weit weitergegeben. Innerhalb der Familie,
innerhalb des Kulturkreises, innerhalb der Stadt, der Region.
Für mich persönlich war es sehr gut, diese Region zu verlassen.
Oder mich einfach mental da hineinzuversetzen: Was wäre wenn?
Was wäre, wenn ich von München nach Berlin ziehen würde
oder von Hamburg nach Hannover? (Ich meine, wer macht das
schon?) Oder von Hamburg nach Frankfurt. Und Du verlässt
ein bisschen diese Komfortzone, diesen vorgezeichneten Weg.
Du ziehst woanders hin als da, wo Du aufgewachsen bist. Aus
freien Stücken und nicht, weil Du von außen dahin gezwungen
wurdest oder oder oder.

Ich finde es nicht besonders erstrebenswert, normal zu sein.
Tanz aus der Reihe, gehe einen Schritt nach vorne, verrücke Dich
aus dem uniformierten Dasein des Mittelmaßes. Aber wenn Du
mehr willst als Durchschnitt und wenn Du dein Potenzial ausdeh-
nen möchtest, dann musst Du andere Wege gehen. Und natürlich
ist dieses Verhalten auch auf andere Bereiche anwendbar. Wenn
Du beispielsweise anfängst, jede Woche ein Buch zu lesen, dann
kriegt das dein Umfeld mit.

Du musst es nicht jedem auf die Nase binden, aber wenn Du es einem auf die Nase binden würdest, dann würden viele sagen: „Lesen wird überbewertet. In meiner Familie hat noch nie jemand gelesen. Ich kann gar nicht so viel lesen. Ich lese so langsam." Und wenn man halt viele Leute um sich hat, die auch das gleiche teilen und nicht lesen wollen, dann hat man das Gefühl, es wäre normal, nicht zu lesen. Das ist natürlich fatal, denn ich kann dir sagen, es bringt was zu lesen. Du wirst Dich verändern, wenn Du liest.

Deshalb ist es ein schlechter Rat zu sagen, es sei normal, das nicht zu tun. Dazu kann man sagen: Es ist eigentlich normal, dass erfolgreiche Menschen lesen, wenn Dich das beruhigt. Es ist nicht normal, dass man danach strebt, erfolgreich zu werden. Also aufstrebend erfolgreich, dass man als Grashalm höher wächst als die anderen Grashalme.

Jeder, der Dich für Deine Arbeit und Deine Leistung kritisiert in dieser Hinsicht, reflektiert das vielleicht auf sich selbst und hat Angst, weil er nicht ins Handeln kommt, weil er nicht anfängt zu lesen, weil er nicht jede Woche liest, weil er nicht mal zehn Bücher im Jahr liest, weil er nicht ins Handeln kommt und seine Ernährung umstellt, weil er nicht seine Laster in den Griff bekommt und aufhört zu rauchen oder weniger Alkohol trinkt.

Du musst Dich fragen, was für ein Mensch Du sein willst oder was für ein Mensch Du werden willst und was Du dafür tun musst, um dieser Mensch zu werden. Meiner Meinung nach musst Du etwas tun. Fang an.

9

ÜBER GELD SPRICHT MAN NICHT, GELD HAT MAN

Vor etlichen Jahren durfte ich einen tiefen Einblick gewinnen in das finanzielle Bewusstsein unserer Gesellschaft. Heute sage ich dazu Mindset. Ich habe mich da vielleicht schon das ein oder andere Mal wiederholt, aber für mich ist Geld ebenso Mindset. Die Geldfrage ist sehr sensibel. Wie die Überschrift schon verrät, reden wir nicht über Geld. Gesellschaftlich ist es eher ungewöhnlich, über Geld zu reden oder verpönt. Jedenfalls spricht man nicht über sein eigenes Geld. Man spricht nicht über sein Einkommen. Die wenigsten sprechen über ihr Jahreseinkommen und die, die darüber sprechen, die verifizieren dieses Einkommen nicht. Das heißt, sie zeigen keine Steuerbescheide oder ähnliches. Auch reden die meisten nie über Verschuldung. Bis es zu spät ist.

Bei meinem tiefen Einblick ist mir aufgefallen, dass Finanzprodukte an Leute verkauft werden, die keine Ahnung haben, was sie da eigentlich kaufen. Sie haben keine Ahnung von diesem Produkt und akzeptieren das einfach so und geben dem Vertrauten ihr Geld. Das führt in einigen Fällen dazu, dass man sehr viele Verluste einfährt, weil das Produkt nicht richtig durchschaut wird, zu früh verkauft wird oder oder oder. Auch Risiken werden nicht richtig erkannt.

Solche Fälle sind nicht nur möglich, sondern sind regelmäßig anzutreffen. Und da geht es nicht um 100 Euro oder 1.000, es geht da schnell auch um 10.000, 20.000, 50.000 Euro, vielleicht sogar mehr. Man fragt sich natürlich: Wie kann das sein? Wie ist das möglich? Genau aus dem gleichen Grund wie eben beschrieben. Die meisten reden nicht über ihr Geld. Sie reden nicht über ihre Investments und sie reden nicht über das, was ihnen ihr Bankberater versprochen hat.

Ein großes Problem sind zum Beispiel ältere Damen oder auch ältere Herren, die etwas mehr Geld auf dem Sparbuch liegen haben. Sie werden dazu gedrängt, mit diesem Geld irgendetwas zu kaufen oder in etwas zu investieren, was sie nicht verstehen. Zum Beispiel werden sie dazu gedrängt, ein Depot zu eröffnen und Immobilienfonds-Anteile zu kaufen. Auf Nachfrage wird dann gesagt, das sei eigentlich wie ein Sparbuch.

Natürlich ist das fahrlässig. Aber es fällt in sehr vielen Fällen nicht auf. Denn die entsprechenden Damen und Herren reden mit niemandem über ihre Finanzen. Ihre Kinder kümmern sich ebenfalls nicht um deren Finanzen, solange diese nicht von ihnen offiziell betreut werden. Ausnahmen bestätigen die Regel. Nicht nur aus diesem Grund ist es wichtig, dass wir da wieder der Herr im eigenen Hause sind. Schließlich geht es hier ums eigene Geld. Wir arbeiten lange und hart für dieses Geld, sparen und dann geben wir es jemanden und der veruntreut das Geld vielleicht. Das darf einfach nicht passieren.

Mir ist das heute ziemlich klar und ich habe auch ein sehr starkes und gutes Bewusstsein für Geld. Aber das war früher nicht so. Ich habe auch schlecht über Geld gedacht. So wie es gesellschaftlich sehr weit verbreitet ist. Wer Geld hat, der wird moralisch schlechter bewertet. Wer über Geld spricht, dem wird nachgesagt, er habe es nötig. Außerdem wird hier jedem Unternehmer unterstellt, er mache es nur wegen des Geldes. Und das ist prinzipiell richtig. Aber generell arbeitet ja jeder für Geld und das Geld ist nicht schlecht.

Das Geld verdirbt auch nicht den Charakter. Das Geld symbolisiert Freiheit. Und ich denke, dass das Geld den Charakter verstärkt. Man kann mit Geld gute und schlechte Sachen machen, aber dadurch ist das Geld nicht schlecht oder gut.

Während der Schulzeit war mein Mindset zum Geld eher so: Eigentlich brauche ich kein Geld. Aber der Rest der Welt braucht es und deshalb brauch ich es auch. Das war nicht lustig. Heute sehe ich das auf jeden Fall etwas anders. Damals war mein Mindset, wenn ich Geld habe, dann gebe ich es aus. Geld ist nur zum Ausgeben da. Ich haue es also auf den Kopf und in den Zeiten, wenn ich kein Geld mehr hatte, habe ich gedacht, dann muss ich mehr Geld verdienen.

Das ist eine Spirale, in der sich viele Leute befinden. Das ist meine Erfahrung und das weiß ich aus Gesprächen mit den

Personen, die gerne über Geld reden. Oft sind das Personen, die heute mehr Geld haben als früher und jetzt zugeben können, dass sie früher sehr viele Schulden hatten. Ich selbst habe gedacht, ich müsste nichts ändern, ich müsste einfach nur mehr Geld haben. Und jeder merkt, wenn er dann mehr Geld hat und das nicht unter Kontrolle hat, dass es ihm einfach nichts bringt.

Als Student hatte ich 800 Euro im Monat und konnte damit wunderbar leben. Miete bezahlen, Party machen, habe immer gut gegessen. So hatte ich jedenfalls das Gefühl. Wenn man dann später mehr verdient, 2.000, 4.000, 5.000, 10.000 Euro, dann denkt man sich: Jetzt habe ich dieses Geld bekommen, ich werde jetzt quasi das ganze Jahr ausgesorgt haben. Und plötzlich tappt man in eine Falle. Man merkt dann gar nicht, wie einem das Geld durch die Hand rinnt. Und da ist es dann gleich, ob man 2.000 oder 10.000 Euro verdient. Das Problem ist auf jeder Ebene gleich.

Es erfordert einen Mindset und es erfordert Struktur, mit Geld umzugehen. In vielen klugen Büchern liest man, wenn man mit 2.000 Euro nicht gut klarkommt, dann kommt man auch mit 10.000 Euro nicht gut klar oder mit 100.000 Euro. Es gibt das alte Beispiel, dass Lottogewinner nach kurzer Zeit wieder pleite sind. Sie können mit dem Geld nicht umgehen, obwohl sie Millionen haben. Sie verschleudern das Geld und sind am Ende vielleicht sogar ärmer als zuvor.

Ein Beispiel zeigte sich auch in meinem engeren Freundeskreis. Ein Kumpel hatte Geldprobleme. Jeden Monat hatte er einfach zu wenig Geld, knappste herum und gönnte sich dann auch nichts mehr. Er hatte in der letzten Woche im Monat quasi nichts mehr zu essen. Plötzlich erbte er 15.000 Euro. Dieser spontane Geldsegen, mit dem er nicht gerechnet hatte und den er sich nicht verdient hatte, wurde wie folgt eingesetzt. Er kaufte sich ein Laptop, tätowierte für 8.000 Euro seinen Oberkörper, den Rest gab er aus für Luxusgüter: besonderen Schnaps, Essen und so weiter.

Also statt die 15.000 Euro in irgendeiner Form beiseite zu legen oder wenigstens einen Teil davon, haute er alles auf den Kopf. Und vor allem gab er das Geld aus für Dinge, die äußerst unwirtschaftlich waren. Man könnte natürlich sagen, jeder darf mit seinem Geld machen, was er will. Aber wenn man zum Beispiel einen beachtlichen Teil in eine Tätowierung investiert, wenn man eigentlich kein Geld hat, dann habe ich da kein großes Mitleid, wenn man dann anschließend rumheult, dass das Geld weg ist.

Ich selbst habe viele Jahre gebraucht, bis mein Mindset in punkto Geld ausgebaut war und ich auch ein erfolgreiches Geldmindset hatte. Das bedeutet erstens Rücklagen zu bilden für verschiedene Bereiche. Ohne Rücklagen wird einem sofort, wenn irgendetwas passiert, der Boden unter den Füßen weggezogen. Waschmaschine kaputt? Skandal. Auto kaputt? Skandal. Computer kaputt? Skandal. Wie in so vielen Bereichen im Leben möchte ich proaktiv meine Finanzen verwalten und nicht reaktiv die ganze Zeit hinterherlaufen. Das bedeutet auch, vorwärts zu sparen statt Kredite abzustottern.

Es ist ein großer Teufelskreis, wenn man auf der einen Seite mit seinen Eltern, seiner Familie und Freunden nie über Geld spricht und in der Schule fast nie was über Geld und vor allem über die persönlichen Finanzen hört. Und auf der anderen Seite von Banken Kredite verkauft bekommt, weil Schuldner die besten Kunden sind und die Werbung die ganze Zeit sagt, man könne alles für null Prozent finanzieren. Dann ist es natürlich schwierig, ein anderes Mindset aufzubauen.

Doch wenn man diesen Angeboten folgt, dann begibt man sich in eine Abhängigkeitsspirale und kann nur noch reaktiv handeln. Ich kenne die Slogans von den Werbeplakaten und von den Flyern: Mehr Liquidität für Ihren Urlaub. Nehmen Sie einen Kredit auf. Jetzt einen neuen Fernseher kaufen. Nehmen Sie einen Kredit auf. Jetzt ein neues Auto kaufen. Null Prozent Finanzierung. Und und und. Es ist verlockend. Es klingt verlockend, aber das führt dazu, dass man seine Finanzen nicht mehr im Griff hat.

Meiner Meinung nach muss man nicht unbedingt ein Haushaltsbuch führen. Das ist sehr bürokratisch und kostet sehr viel Zeit. Aber man muss sich darüber bewusst sein, wie hoch die eigenen Einnahmen sind und wie hoch die Ausgaben. Welche der Ausgaben sind wichtig und welche sind unwichtig. Da geht es nicht darum, jeden Bon zu sammeln und in Tabellen einzutragen, sondern es geht um Budgets. Wir machen es so, dass wir Budgets definieren vom Einkommen. Die werden dann für die entsprechenden Bereiche ausgegeben. Das ist ein wenig so wie Töpfe, die reserviert sind für verschiedene Ausgabenkategorien.

Auch sollte man langfristig planen, wenn zum Beispiel die Waschmaschine kaputtgeht und ähnliche Sachen. Außerdem benutze ich eine App, die nennt sich Outbank. Die funktioniert auf jeden Fall fürs iPhone. Ich weiß nicht, ob es für Android auch eine Alternative gibt. In dieser App sind alle meine Konten, alle meine Kreditkarten und sogar mein Paypal-Konto hinterlegt. Ich habe alles im Überblick. Man sieht dann auch einen Gesamtkontostand dessen, was man hat. Man sieht alle Kontobewegungen. Man könnte sogar Überweisungen aus dieser App machen.

Aber das Allerwichtigste an der App ist, dass mein Vermögen

mit meinen Verbindlichkeiten aufgerechnet wird. Das heißt, wenn ich 1.000 Euro auf meinem Girokonto liegen habe, aber meine Kreditkarte ist mittlerweile mit 1.000 Euro im Minus oder sogar noch mehr, dann zeigt mir das Programm das an und sagt mir, dass ich kein Geld habe – und das muss man sich vor Augen führen.

Ich kenne es selber und ich habe es auch so gemacht wie viele da draußen. Mein Geld war vom Kopf her bis zum Limit des Dispos. Ich habe 3.000 Euro Dispo. Alles klar. Da geht noch was. Da kann ich sogar noch Urlaub von kaufen. Tschakka! Zwei Kreditkarten, zweieinhalbtausend Euro Limit, gar kein Problem. Was kostet die Welt? Weg damit! Das geht so lange gut, bis etwas Unvorhersehbares passiert. Man fühlt sich frei, man fühlt sich unbesiegbar. Letztendlich ist es natürlich klar, dass das Desaster vorprogrammiert ist. Ich hoffe, dass Du nicht den harten Weg der Erkenntnis gehen musst. Vielleicht hilft ja alleine diese App schon, Deine Finanzen in den Griff zu bekommen.

Geld ist Mindset und wenn man das Geld im Griff hat, dann ist es auch viel leichter, alle anderen Bereiche in seinem Leben erfolgreich anzugehen. Das ist zumindest das, was ich erfahren habe. Wenn Du eine andere Strategie hast, dann freue ich mich auch, diese zu erfahren. Als wir vor drei Jahren mit dem You-Tube-Kanal „5 IDEEN" angefangen haben, da sprach ich mit Robert darüber, dass Bodo Schäfer forderte, man solle immer 500 Euro im Portemonnaie haben – oder 1.000 Mark, wie er es in seinem Buch schreibt. Wir beide haben uns angeguckt und haben gesagt: Boah, wir haben nie mehr als 50 Euro im Portemonnaie, und das ist schon viel. Wir bezahlen doch alles mit Karte heutzutage. Wir haben dann angefangen, bewusst immer mindestens 100 Euro im Portemonnaie zu haben.

Was einem wie ein bescheuertes Spiel vorkommt und zwanghaft klingt, hat psychologisch einen unheimlich starken Effekt, bei mir zumindest. Heute habe ich immer 500 Euro in einer Geldkammer mit im Portmonaie. Diese 500 Euro sind nicht zum Ausgeben, sondern sie sind einfach da. Für mein Gefühl. Sie sind auch da als Backup für Unvorhersehbarkeiten, wenn ich irgendwie schnell reagieren muss, schnell Geld brauche.

Zusätzlich habe ich dann Geld dabei, was ich zum Ausgeben bestimmt habe z.B. noch weitere 100 Euro. Ich versuche, so viel wie möglich bar zu bezahlen. Bezahle ich mit Kreditkarte oder mit EC-Karte, behalte ich meine Finanzen wegen der App gut im Griff und habe einen sehr guten Überblick, was als nächstes auf meinem Konto passiert. Das Bargeld in meinem Portemonnaie gibt mir Sicherheit und gibt mir das Gefühl von Wohlstand. Bargeld im Portemonnaie zu haben, Bargeld zu Hause zu haben, liquide

Mittel zu haben und zu wissen, was auf seinen Konten passiert, gibt Selbstbewusstsein und Freiheit und gibt dir das Lenkrad in die Hand. Dann bist Du wieder proaktiv der Fahrer in deinem finanziellen Sportwagen.

Mir hat das super krass geholfen. Ich hab auch lange gebraucht, um das zu verstehen. Ich habe viele Bücher zu dem Thema gelesen, bis es wirklich Klick gemacht hat. Ich habe auch sehr viele Achterbahnfahrten erlebt, viel Geld und wenig Geld, den Dispo voll ausgeschöpft, die Kreditkarte ans Limit gefahren. Ich muss sagen, ich habe Glück gehabt, dass ich die Kurve bekommen habe. Ich weiß, dass einige in der Spirale noch weiter nach unten gefallen sind. Da hilft einem die Bank nur wenig. Die geht die Spirale eher mit, bis man Privatinsolvenz anmeldet. Das kann nicht dein Ziel sein.

Über Geld spricht man nicht, Geld hat man. Das hat meine Oma immer gesagt. Gott hab sie selig. Ich habe meine Oma geliebt, leider ist sie schon tot. Aber in diesem Punkt hatte sie leider Unrecht. Also lasst uns wieder über Geld sprechen. Fang an, mit deinem Partner oder Deiner Partnerin, deinen Eltern, deinem engsten Umfeld und so weiter. Das wird Dich auf keinen Fall schwächen, sondern stärken. Stärken beim eigenen Wert, beim Umgang mit Geld, bei Gehaltsverhandlungen und vielem mehr.

Buchempfehlungen zu dem Thema findest Du bei „5 IDEEN".

Eine weitere Empfehlung ist, dass Du dir einen Mentor suchst. Jemand, der mehr Geld hat als Du. Und zwar nachgewiesen am besten zehnmal so viel Geld wie Du. Von dieser Person kannst Du viel lernen. Frei nach Dirk Kreuter: Wenn Du die reichste Person im Raum bist, dann bist Du im falschen Raum.

KOPF SCHLÄGT POTENZIAL

10

MEINE WICHTIGSTEN TOOLS

Ich werde immer wieder gefragt, was meine wichtigsten Tools sind. Ob ich irgendwelche Tipps geben kann und welche Apps ich benutze. Deshalb hier eine kleine Zusammenstellung der wichtigsten Dinge, die ich tagtäglich oder jede Woche benutze und die mir helfen, die Sachen, die ich hier in diesem Buch bespreche, umzusetzen.

Wie viele andere benutze ich eine To-Do-Liste. Meine To-Do-Liste unterscheidet sich aber ein wenig von den meisten anderen. Und zwar setze ich für fünf Tage eine To-Do-Liste auf. Ich habe mir dafür eine Vorlage gebastelt. Das ist ein PDF, das ich auch meinen Mitarbeitern zur Verfügung stelle. Und da gibt es dann für jeden Tag in der Woche Zeilen, in die ich Aufgaben eintragen kann.

Meistens setze ich mich am Sonntagabend hin und plane meine Woche. Manchmal gibt es auch ein paar Termine, die sich vorher schon anmelden und die in meinem digitalen Kalender eingetragen sind, die ich dann übertrage auf diese To-Do-Liste. Eigentlich ist das kein Hexenwerk, aber man hat eine sehr gute Übersicht über diese große To-Do-Liste und weiß, was man ungefähr vorhat und kann auch sehr gut Tasks von einem zum anderen Tag verschieben.

Außerdem priorisiere ich in drei Kategorien, und zwar kurzfristig, mittelfristig und langfristig. Das heißt, ich teile mir die

Aufgaben ein in kurzfristige, mittelfristige und langfristige. Jede Kategorie kriegt bei Erledigung unterschiedliche Punkte, eins, zwei und drei. Am Ende der Woche kann ich meinen Punktestand ermitteln. Ich habe für mich so ein kleines Spielchen draus gemacht.

Und Du merkst es schon, in diesem Spiel lohnt es sich, wenn man langfristige Aufgaben erledigt, da man dafür drei Punkte bekommt und für kurzfristige nur einen Punkt. Ich warte auch mit den langfristigen nicht so lange, bis sie dann zu einer kurzfristigen Aufgabe werden und ich gezwungen bin, sie heute zu erledigen. Ausnahmen bestätigen natürlich die Regel und es kommt immer wieder vor. Das ist ganz klar, denn ich bin ein normaler Mensch und ich mache auch viele Fehler. Aber prinzipiell hilft mir diese Struktur wirklich sehr stark dabei, meinen Alltag zu planen und meine To-dos wirklich abzuarbeiten, einen guten Überblick und ein gutes Gefühl für die ganze Woche zu haben. Die fertigen Listen hefte ich in einen Ordner zu Hause und fühle mich einfach gut, die Aufgaben weg zu sortieren. Ich blättere auch ab und zu mal in den alten To-Do-Listen, denn das ist ein schönes Gefühl.

Ein anderes wichtiges Tool ist mein Kalender. Der digitale Kalender. Nichts Besonderes eigentlich. Ich benutze dafür den Google Kalender, der ist überall auf dem aktuellen Stand. Meine Mitarbeiter kennen auch meine Termine und ich benutze calenderly.com, so dass Interviewgäste oder Telefontermine sich direkt in meinem Kalender eintragen können. Das ist unheimlich hilfreich.

In meinem digitalen Kalender blocke ich auch die Zeiten für entsprechende Telefonate und ähnliche Dinge, die ich auch schon im Kapitel „Zeitmanagement" besprochen habe. Anhand meiner To-Dos plane ich dann auch die Zeiten in der Woche. Eigentlich total simpel, aber man muss es einfach durchziehen.

Ein weiteres wichtiges Tool ist für mich die schon angesprochene App Outbank. Das heißt, die App, in der ich wirklich meine Finanzen im Blick habe. Mir hilft das ultrastark. Und ich glaube, das könnte auch für Dich hilfreich sein. Ich glaube, diese App ist sogar kostenfrei und wenn sie etwas kostet, dann ist es nur minimal. Ich kann sie Dir nur empfehlen. Vielleicht findest Du auch etwas Entsprechendes, was Dir noch besser gefällt, das weiß ich nicht. Ich benutze diese App schon sehr lange und freue mich darüber. Der Clou an der App: Du hast alle Deine Konten, alle Deine Kreditkarten und alle Deine Online-Geldzugänge unter einem Dach. Das ist wirklich sehr cool und großartig.

Ein erwähnenswerter Punkt ist Routine. Routine ist zwar kein Tool in dem Sinne, aber Routinen bringen dazu, Dein Leben leichter zu beschreiten. So würde ich es ausdrücken. Es fängt an mit einer Morgenroutine. Wann stehst Du morgens auf? Was machst Du als allererstes, damit die Handgriffe sitzen? Wie gehst Du mit der und der Situation um und so weiter und so weiter.

Durch Routinen kannst Du auch viel besser proaktiv arbeiten. Weil Du sozusagen das Grundrauschen durch Routinen abgedeckt hast, hast Du dann mehr Ressourcen in Deinem Kopf für Kreativität und Prozesse. Probier es aus. Du brauchst wahrscheinlich ein paar Wochen, um Routinen zu entwickeln. Definiere für Dich feste Routinen, feste Abläufe. Das ist nicht zwanghaft. Ich sage Dir, es ist sehr sehr hilfreich. Es hat mir sehr geholfen. Ich mache das jetzt seit etlichen Jahren.

Eines der vielleicht wichtigsten Tools, die ich nutze und die mich besonders stärken und mein Mindset stärken, ist mein Journal. Mein Journal ist im Endeffekt einfach ein kariertes Notizbuch in DIN A5, in das ich jeden Abend reinschreibe. Und zwar schreibe ich alles rein, was ich Positives an diesem Tag erlebt habe, was gut war, was gelungen ist, was mich zum Lächeln bringt. Und ich schreibe es nur für mich.

Ich persönlich schreibe es wie Checkpoints auf. Manchmal nur ein Wort, manchmal ein Satz, manchmal ein paar Stichworte. Aber diese Zeremonie macht mich sehr glücklich. Abends bevor ich ins Bett gehe, schreibe ich mein Journal. Das stärkt mein Selbstvertrauen, das fokussiert mich auf die positiven Ergebnisse und stellt mich auch auf Positivität ein. Dadurch kann ich reflektieren, Ergebnisse eruieren und ich kann neu planen und komme auf viele neue Ideen.

Ab und zu, aber eher selten, blättere ich dann in meinem alten Journal und schaue mir an, was ich zum Beispiel vor einem Jahr aufgeschrieben habe. Lustig finde ich es, dass ich eine Zeitlang, als ich aufgehört habe zu rauchen beispielsweise jeden Tag einen Bulletpoint hatte mit „nicht geraucht".

Probier es einfach aus. Du wirst merken, es hat einen extrem krassen Effekt und es gibt eigentlich auch keinen Grund, es nicht zu machen. Es dauert nur ein paar Minuten und der Effekt ist riesengroß. Man könnte sagen, fünf Minuten Journal am Tag machen am Ende der Woche eine Stunde. In diesem Sinne viel Erfolg. Mach was draus.

11

BLEIB NIEMALS WIE DU BIST

Egal was dein Charakter ist, was Deine Lebensphilosophie ist, was dein persönliches Ziel ist in diesem Leben. Egal wie viel Geld Du hast oder wie Du dein Leben beschreibst. Es ist egal, wie viele Bücher Du liest und egal, wie viele Hörbücher Du hörst.

Es ist mir im Grunde genommen alles egal. Finde Dich damit ab. Ich hoffe, Du findest hier lehrreiche Information und Inspiration in diesem Buch. Aber ich kann Dich nicht an die Hand nehmen. Ich will Dich auch gar nicht an die Hand nehmen. Ich möchte nur ein Beispiel sein, an dem Du Dich vielleicht orientieren kannst.

Wenn Du Dich aussichtslos in die Ecke gedrängt fühlst, dann könnte es vielleicht sein, dass Dich das eine oder andere hier in diesem Buch dazu bringt weiterzumachen und in die Umsetzung zu kommen. Denn das sind die Erfahrungen, die ich gemacht habe. Das ist kein leeres Gelaber, wenn ich sage: Die Baseline von allem im Leben ist für mich Mindset. Das ist hoffentlich klar geworden.

Deine Einstellung und dein Kopf helfen dir dabei, das zu erreichen, was Du erreichen willst. Sie helfen dir dabei, mit Deiner Zeit vernünftig umzugehen oder auch mit deinem Geld und mit deinen Freunden. Ich möchte mir nicht anmaßen, dass ich alles besser weiß. Ich sage gerne, oft und immer wieder, dass ich viele Fehler gemacht habe, aus denen ich lernen durfte. Und ich versuche, diese Fehler nicht nochmal zu machen, sondern daraus zu wachsen. Ich versuche, nicht so zu bleiben wie ich war. Auch wenn mir zu jedem Geburtstag meine Verwandtschaft, Oma, Onkel, Tante, Mama und Papa wünschen, ich solle so bleiben wie ich bin. Das ist nicht mein Ziel.

Natürlich verstärkt sich mein Charakter, verstärkt sich meine Persönlichkeit. Ich wechsle jetzt nicht jedes Jahr meine Persönlichkeit. Aber ich möchte weiter wachsen. Gasgeben, besser werden, besser mit Geld umgehen, besser mit Zeit umgehen, besser mit meinen Kindern umgehen, mehr lesen, mehr wissen. Ich möchte Bescheid wissen im Leben.

Ich möchte irgendwann, wenn ich alt bin, auf einer Bank vor meinem Haus sitzen und dann möchte ich den Kindern erklären, wie die Welt funktioniert, wenn sie eine Frage haben. Darauf habe ich Lust. Das ist sozusagen mein Ziel. Da ist mir noch nicht ganz klar, ob das in Deutschland ist oder in Florida oder in Spanien. Aber das ist meine Vision. Ich weiß, dass ich auf meinem Sterbebett nicht alles im Leben wissen kann. Aber bis dahin weiß ich: Ich bin diesen Weg gegangen. Ich möchte nicht stagnieren. Ich möchte nicht irgendwann stehenbleiben. Ich glaube, das hält mental und physisch fit.

Nochmal ganz klar: Mach was Du willst. Es ist mir scheißegal. Aber ich für mich möchte nicht in die Falle tappen, am Ende meines Lebens zu sagen: Da kommt der Orgasmus, die Rente, dann muss ich nichts mehr machen. Und Du arbeitest nur daraufhin und wenn Du nur Rentner bist, gehst Du ein, stirbst vor Langeweile oder hast kein Geld, um das Nichtstun zu genießen. Du hast keine Mission mehr. Ich denke, das ist schon aus der Logik heraus klar, dass es so nicht laufen kann.

Und ich glaube auch, dass man noch viel viel mehr erreichen kann, mit dem richtigen Mindset. Deshalb heißt dieses Buch „Kopf schlägt Potenzial". Das ist das, was ich erfahren habe. Das ist das, was meinen Weg bis hierhin gezeichnet hat und was meinen Weg auch noch weiter zeichnen wird. Heute höre ich auf mit diesem Buch. Heute schließe ich dieses Buch ab. Aber wenn ich weitermachen würde, könnte ich noch mal die gleiche Menge schreiben. Und wenn ich in ein paar Jahren dieses Buch erweitere, dann wird es neue Geschichten geben.

Es soll weitergegangen sein in meinem Leben und ich möchte, dass dieser Weg weiterhin erfolgreich und positiv nach vorne geht. Das ist mein Ziel, meine Passion, meine Mission. Und dafür habe ich das richtige Mindset. Mach was Du willst, aber ich würde mich freuen, wenn Du etwas daraus machst. Wenn Du nicht nur konsumiert. Wenn Du nicht nur davor sitzt und die ganzen

Inhalte liest, die da offen liegen, sondern wenn Du diese Inhalte für Dich in dein Leben implementierst, in Deine Gewohnheiten, in deinen Alltag und etwas daraus machst und sie weiter gibst an dein Umfeld, Deine Freunde, Deine Familie, Deine Kinder.

Damit können wir die Welt definitiv besser machen. Frei nach dem Motto: Tue Gutes und spricht darüber. Sei ein Vorbild. Sei ein Gegenpol zu den vielen falschen Propheten da draußen, den fernsehgemachten Stars, denen Leute hinterherrennen, obwohl sie nichts können. Sei Du der Unterschied Du bist schon der Unterschied, sonst würdest Du dieses Buch hier nicht lesen. Sonst würdest Du den „5 IDEEN"-Kanal gar nicht kennen. Sonst würdest Du das Wort Mindset gar nicht kennen.

Hab keine Angst, anders zu sein als 80 Prozent der anderen Leute hier in diesem Land oder vielleicht sogar noch mehr. Du bist für dein Leben verantwortlich nimm es in die Hand. Ich wünsche dir viel Erfolg dabei.

DANKSAGUNGEN

Ich danke in erster Linie allen Menschen in meinem direkten Umfeld. Wenn man konstant lernt und wächst und sich weiterentwickelt, geht das nie ohne ein entsprechendes Umfeld aus Freunden und Mentoren mit einer ähnlichen Mission. Der Anstoß für dieses Buch kam durch Michael Serve während der Arbeit an seinem Hörbuch "Von der Wildsau zum Sparschwein". Weiterhin danke ich meinen Fans, Hörern und Unterstützern, die schon länger nach einem Buch von mir fragten.

Außerdem danke ich insbesondere

Björn Utermöhlen, Susann Brych, Hendrik Detjen,
Ingolf Hainich, Dave Stutzman, Hannes Treiber,
Wolfgang Bossert, Lucas Sinewe, Julia Panzilius,
Annette zur Mühlen, Jakob Deutsch, Martin Gerigk,
Stefan Godulla, Burak Kalman, Florian Kaiser,
Patrick Kriebel, Daniel Habern, Ute Siebert,
Heiko Eilers, Dr. Heinz-Peter Schwennicke,
Dirk Kreuter, Dr. Stefan Frädrich,
Al Ries & Jack Trout, Jack Nasher, Bodo Schäfer,
Günter Faltin, Gerald Hörhan,
Mike Fischer, Familie Brych,

und meinem 5 IDEEN Mitgründer Robert Heineke.

Das nächste Buch ist bereits in Arbeit.

DEINE 5 IDEEN

AUS DIESEM BUCH

DAVE BRYCH

IDEE I

IDEE 2

IDEE 3

IDEE 4

DAVE BRYCH

IDEE 5

MACH WAS DRAUS!

Nutze Dein gesamtes Potenzial und bestell Dir mein
"Potenzial Journal" für drei erfolgreiche Monate. Setze Dir
Ziele, plane Deine nächsten Schritte und konzentriere Dich
auf Deine Erfolge. Ein Blick ins Buch, Videos und
Anleitungen findest Du auf www.potenzial-journal.de.

GUTSCHEINCODE EXKLUSIV
FÜR DICH ALS LESER MEINES BUCHS
"KOPF SCHLÄGT POTENZIAL".

Gutscheincode:
wD2LOxP

20,00 €

Einlösbar auf www.potenzial-journal.de

3 MONATE,

DIE DEIN LEBEN GARANTIERT VERÄNDERN!

- Intensives und ergebnisorientiertes Coaching

- Unterstützt Ziele erreichen, durch ein starkes Umfeld

- Selbstbewusster werden und persönlich wachsen

- Aufmerksamkeit und Sichtbarkeit erlangen

- mehr Zeit gewinnen durch Struktur und Routinen

Bewirb Dich jetzt für Daves Mastermind auf

www.5ideen.com/mastermind